Quick Guide

Reihe herausgegeben von
Springer Fachmedien Wiesbaden, Wiesbaden,
Deutschland

Quick Guides liefern schnell erschließbares, kompaktes und umsetzungsorientiertes Wissen. Leser erhalten mit den Quick Guides verlässliche Fachinformationen, um mitreden, fundiert entscheiden und direkt handeln zu können.

Paul Steiner

Quick Guide Haptisches Marketing

Wie Sie mit haptischen Reizen Ihre Marke stärken

Paul Steiner
Herrsching am Ammersee
Deutschland

ISSN 2662-9240 ISSN 2662-9259 (electronic)
Quick Guide
ISBN 978-3-658-41965-3 ISBN 978-3-658-41966-0 (eBook)
https://doi.org/10.1007/978-3-658-41966-0

Die Deutsche Nationalbibliothek verzeichnet diese Publikation in der Deutschen Nationalbibliografie; detaillierte bibliografische Daten sind im Internet über http://dnb.d-nb.de abrufbar.

Planung/Lektorat: Maximilian David
Springer Gabler ist ein Imprint der eingetragenen Gesellschaft Springer Fachmedien Wiesbaden GmbH und ist ein Teil von Springer Nature.
Die Anschrift der Gesellschaft ist: Abraham-Lincoln-Str. 46, 65189 Wiesbaden, Germany

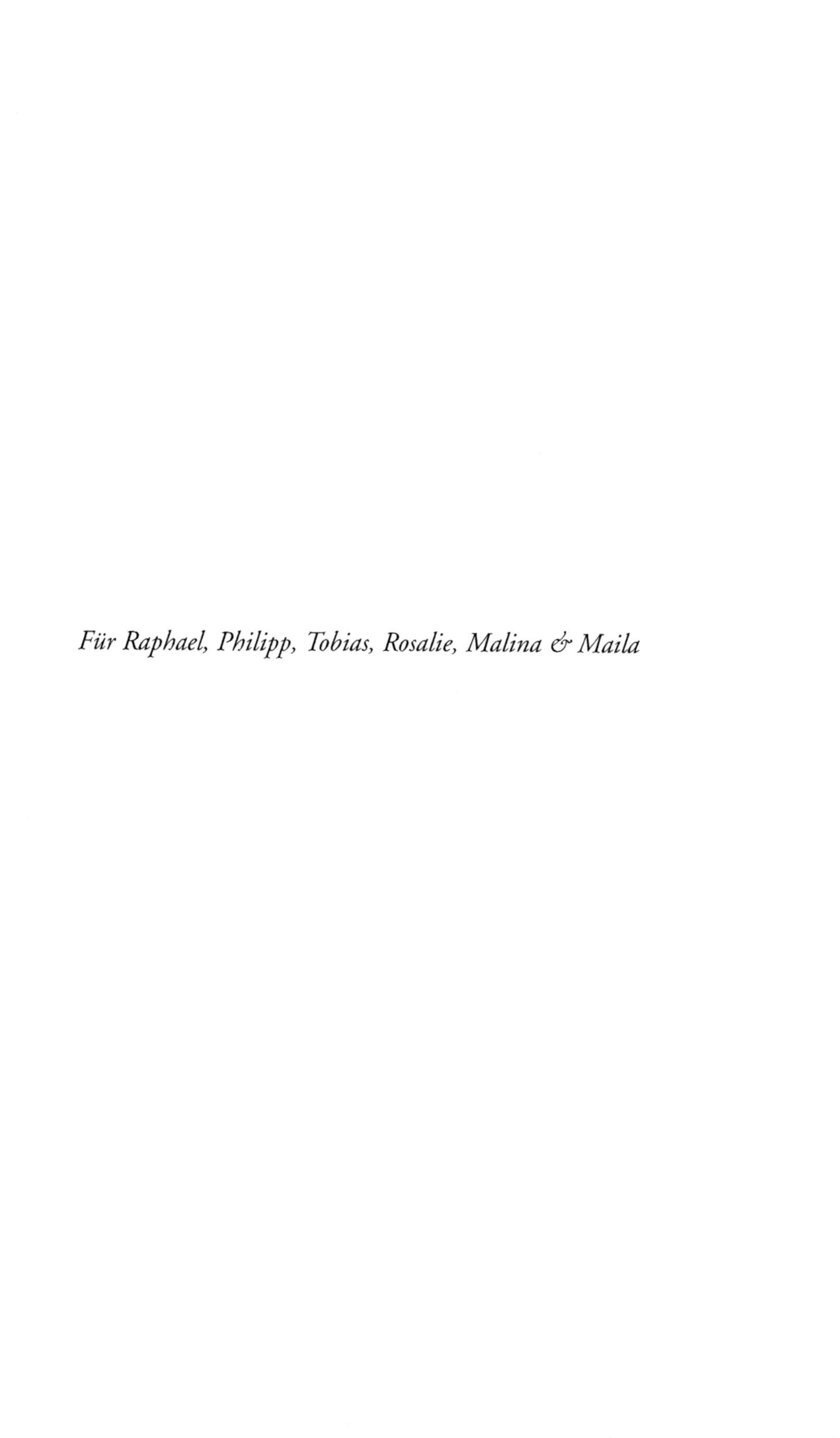

Für Raphael, Philipp, Tobias, Rosalie, Malina & Maila

Vorwort

Das vorliegende Buch ist eine kompakte Einführung in das Thema Haptisches Marketing und bietet zahlreiche pragmatische Hilfestellungen für die Umsetzung. Für die Unternehmenspraxis werden wichtige Ansatzpunkte zur haptischen Gestaltung von Marken geliefert, die durch konkrete Beispiele – Singapore Airlines und MINI – illustriert werden. Zwei Interviews mit renommierten Experten aus Wissenschaft und Praxis runden das Buch ab. Meine weiteren Werke in ihrer aktuellen Fassung:

Steiner, Paul:
Quick Guide Duftmarketing. Wie Sie mit Duftstoffen Ihre Marke stärken.
Springer Gabler, 2022

Steiner, Paul:
Quick Guide Multisensorisches Marketing. Wie Sie mit allen Sinnen Ihre Marke stärken.
Springer Gabler, 2022

Steiner, Paul:
Quick Guide Sound Marketing. Wie Sie mit akustischen Reizen Ihre Marke stärken.
Springer Gabler, 2021

Steiner, Paul:
Sensory Branding. Grundlagen multisensualer Markenführung
3., aktualisierte und erweiterte Auflage
Springer Gabler, 2020

Steiner, Paul:
Sound Branding. Grundlagen akustischer Markenführung.
3., aktualisierte und erweiterte Auflage
Springer Gabler, 2018

Steiner, Paul:
Akustisches Markendesign. Nutzerspezifische Wirkung akustischer Marken-Websites
Springer Gabler, 2015

Meinen Eltern möchte ich insbesondere dafür herzlich danken, dass sie mir in jedem Lebensabschnitt zur Seite standen und meine Ziele und Vorhaben stets gefördert haben.

Meiner Ehefrau Kathy möchte ich recht herzlich Danke sagen. Sie hat mir ihre liebevolle Geduld im gesamten Verlauf dieses Buchprojektes entgegengebracht und mich in jeder Beziehung unglaublich unterstützt.

Meinen Söhnen Leonhard und Benedikt möchte ich ebenfalls danken. Beide bereichern mein Leben Tag für Tag und halten mich fit.

Es ist mir ein besonderes Anliegen, die vorliegende Arbeit meinen Neffen und Nichten – Raphael, Philipp, Tobias, Rosalie, Malina und Maila – zu widmen.

Frau Barbara Roscher und Herr Maximilian David von den Springer Fachmedien haben das Buchprojekt tatkräftig und umsichtig unterstützt. Herzlichen Dank dafür!

Um von den Überlegungen und Anregungen der Leser des Buches zu profitieren, bin ich für eine angeregte Diskussion sowie Ergänzungs-

und Optimierungsvorschläge dankbar. Ihre Vorschläge und Diskussionsbeiträge können Sie gerne direkt an mich per E-Mail übermitteln: steiner-paul@gmx.at

Ich freue mich auf eine lebhafte Diskussion und wünsche Ihnen viel Spaß beim Lesen und Anregungen für die tägliche Arbeit.

Baden bei Wien
im Mai 2023

Paul Steiner

Inhaltsverzeichnis

Über den Autor

Dr. Paul Steiner ist promovierter Sozial- und Wirtschaftswissenschaftler. Neben seiner Promotion mit Auszeichnung zum Dr.rer.soc.oec. an der Wirtschaftsuniversität Wien, erhielt er ein Leistungsstipendium der Wirtschaftsuniversität Wien und den Rudolf-Sallinger-Preis für seine Diplomarbeit „Sensory Branding". Seit 20 Jahren verantwortet er strategisch bedeutsame Projekte mit hoher Komplexität in der Bauindustrie, Finanzdienstleistungsbranche und Automobilindustrie. U. a. war er als

Spezialist für akustische Markenführung in die strategische Planung und das Projektmanagement des neuen BMW Sound Logos, das 2013 den begehrten Red Dot Award erhielt, involviert. Er ist Autor der Fachbücher „Quick Guide Duftmarketing“ (2022), „Quick Guide Multisensorisches Marketing“ (2022), „Quick Guide Sound Marketing“ (2021), „Sensory Branding“ (2020), „Sound Branding“ (2018) und „Akustisches Markendesign“ (2015).

Kontakt: https://www.linkedin.com/in/dr-paul-steiner-728265b2

1 Einleitung

Was Sie aus diesem Kapitel mitnehmen

- Welche Herausforderungen Unternehmen in der Markenkommunikation haben.
- Wie viele Marken in Deutschland registriert sind.
- Welche Klassen von Marken unterschieden werden.
- Welchen Vorteil Haptisches Marketing für Unternehmen bietet.

Marken haben für Unternehmen und ihre Stakeholder (Konsumenten, Mitarbeiter, Aktionäre etc.) einen hohen Stellenwert. So übernehmen Marken, die „als ein in der Psyche des Konsumenten verankertes, unverwechselbares Vorstellungsbild von einem Produkt oder einer Dienstleistung" (Meffert und Burmann 1998) verstanden werden können, eine Identifikationsfunktion und Differenzierungsfunktion für Konsumenten und ermöglichen ihnen Orientierung in der Vielfalt der Angebote und schaffen Vertrauen. Eine erfolgreich geführte Marke realisiert nicht nur eine höhere Loyalität und Bindung der Zielgruppen,

P. Steiner, *Quick Guide Haptisches Marketing*, Quick Guide,
https://doi.org/10.1007/978-3-658-41966-0_1

sondern bietet darüber hinaus eine Plattform für die Erschließung neuer Märkte.

Grundsätzlich sind drei Klassen von Marken zu unterscheiden, nämlich „Niedrigpreismarken", „Value-Marken" der Mittelpreislage und „Premiummarken" der Höchstpreislage. Letztere sind durch die Realisierung eines Preispremiums gekennzeichnet, das aus überlegenen Produkt- und Imageeigenschaften resultiert. Premiummarken sind zudem durch eine hohe Qualitäts- oder Leistungsorientierung charakterisiert und zwar sowohl in einem rational-ökonomischen Sinne (Grundnutzen) als auch in einem mehr emotional-psychologischen Sinne (Zusatznutzen).

Marken bieten dem Unternehmen einen preispolitischen Spielraum und können dadurch zu einer Wertsteigerung des Unternehmens führen. Zudem dienen Marken der Differenzierung des eigenen Angebots vom Wettbewerb, führen (idealerweise) zu einer Präferenzbildung beim Verbraucher und erhöhen die Attraktivität des Unternehmens für High-Potential Mitarbeiter. Starke Marken realisieren im Gegensatz zu schwachen Marken eine höhere Markenloyalität und -bindung und bieten eine Plattform für neue Produkte. Starke Marken sind zentrale immaterielle Wertschöpfer in Unternehmen und verfügen über eine besondere emotionale Schubkraft.

Aus Sicht der Konsumenten erfüllen Marken eine Qualitäts-, Garantie- und Vertrauensfunktion, denn sie versprechen gleichbleibende Qualität und grenzen damit das Risiko eines Fehlkaufes stark ein. Außerdem fungieren Marken als Orientierungs- und Entscheidungshilfe. So assoziieren Konsumenten mit einer Marke verschiedene funktionale und emotionale Eigenschaften. Dadurch erleichtern sie die Kaufentscheidung. Letztlich ergibt sich das Markenerlebnis „aus der multisensorischen Wahrnehmung und Verarbeitung aller Signale, die von der Marke an allen Markenberührungspunkten an den Nachfrager ausgesendet werden" (Burmann et al. 2018).

Beim Deutschen Patent- und Markenamt (DPMA) wurden 2022 insgesamt 73.309 Neuanmeldungen von nationalen Marken verzeichnet. Das sind 16,4 % weniger als im Jahr zuvor. Die Unternehmen mit den meisten eingetragenen Marken in sind Berlin-Chemie AG (103 Marken), gefolgt von ApoE Consulting GmbH (94 Marken) und Merck KGaA (86

Marken). Insgesamt umfasst der Markenbestand des DPMA 880.538 Marken (DPMA 2022).

Zu den wichtigsten Ursachen für diese wachsende Produkt- und Markenvielfalt zählen u. a. die zunehmende Marktsegmentierung, die drastische Verkürzung der Produktlebenszyklen, der Zwang zur Entwicklung neuer Produkte und Produktvarianten und die steigende Internationalisierung und der daraus resultierende Markteintritt neuer Wettbewerber. Hinzu kommt noch eine Verschiebung der Grenzen potenzieller neuer Wettbewerber durch neue Informations- und Kommunikationstechniken.

Neben der Inflation von Produkten und Marken haben sowohl die kommunikativen Maßnahmen als auch die Zahl der Medien rapide zugenommen. Wie eine Studie von Keller und Fischer (2008) zeigt, ist durch die größere Mediennutzung der Informationsüberschuss in den letzten Jahren noch größer geworden. Dies stößt zunehmend auf wenig involvierte Konsumenten, die auf die vorherrschende „Informationsflut" mit flüchtigem Informationsverhalten reagieren. So wird beispielsweise eine Werbeanzeige im Durchschnitt nur zwei Sekunden lang betrachtet (Kroeber-Riel und Esch 2015). Zudem sind den Informationsaufnahmekapazitäten der Konsumenten enge Grenzen gesetzt. Nach einer Berechnung des Instituts für Konsum- und Verhaltensforschung in Deutschland werden weniger als zwei Prozent der durch Massenmedien angebotenen Informationen aufgenommen (Kroeber-Riel und Gröppel-Klein 2019).

Die wachsende Produkt- und Markenvielfalt und der inflationäre Gebrauch kommunikativer Maßnahmen haben zu einer zunehmenden Überforderung und Desorientierung der Konsumenten geführt. Die daraus resultierende Verwirrung der Konsumenten durch Marken wird als „Brand Confusion" (Schweizer und Rudolph 2004) bezeichnet. Diese tritt dann auf, wenn sich Marken in ihrem kommunikativen Auftritt kaum unterscheiden und folglich eine große Verwechslungsgefahr besteht oder die Marken häufiger ihren Auftritt wechseln.

Vor dem Hintergrund sich rasch ändernder Marktbedingungen ist eine einfache Fortschreibung traditioneller Markenführungsansätze nicht mehr zeitgemäß. Die identitätsbasierte Markenführung, dessen

Konzeptentwicklung auf einem „kontinuierlichen Wandel des Verständnisses vom Gegenstand der Marke" (Blinda 2003) beruht, bietet in dieser Situation einen erfolgversprechenden Ansatz zur Neuorientierung des Markenmanagements. Zu einer ihrer wichtigsten Aufgaben zählt der Aufbau einer prägnanten Markenidentität, die als Wurzel der Marke interpretiert werden kann. Sie sollte daher Ausgangspunkt aller strategischen und operativen Markenentscheidungen sein.

Da der vorliegenden Arbeit das Konzept der identitätsbasierten Markenführung zugrunde liegt, wird der Definition von Burmann et al. (2018) gefolgt. Demnach ist eine Marke „ein Nutzenbündel mit spezifischen Merkmalen, die dafür sorgen, dass sich dieses Nutzenbündel gegenüber anderen Nutzenbündeln, welche dieselben Basisbedürfnisse erfüllen, aus Sicht relevanter Zielgruppen nachhaltig differenziert" (Burmann et al. 2018). Das Nutzenbündel Marke besteht sowohl aus materiellen als auch immateriellen Komponenten. So werden bei der Marke physisch-funktionale und symbolische Nutzenkomponenten gebündelt. Letztere umfassen neben den schutzfähigen Zeichen wie Namen, Logo und akustischen Signalen auch nicht schutzfähige Zeichen, die den Markenauftritt charakterisieren.

Zum Aufbau von Markenimages und damit zur Differenzierung von Konkurrenzangeboten wird die Markenkommunikation zu einem wesentlichen strategischen Erfolgsfaktor. Durch unterschiedliche kommunikative Maßnahmen in unterschiedlichen Medien verfolgen Unternehmen das Ziel, das eigene Angebot – und damit die eigene Marke – wahrnehmbar in den Köpfen der Zielgruppen zu verankern, sodass es konkurrierenden Angeboten vorgezogen wird. Dazu muss eine Marke im Angebotsmeer nicht nur sichtbar sein, sondern eine Marke benötigt auch ein differenzierendes Profil, ein klares Image und einen Zusatznutzen.

Die Markenkommunikation ist in der heutigen Zeit von einer Synästhesie ihrer Darstellungsmittel gekennzeichnet, da es in der Regel immer mehr Merkmale zugleich sind, die sich beim Konsumenten nachhaltig einprägen. Dadurch wird ein beachtlicher Redundanz- bzw. Vertrautheitseffekt erzeugt, da viele Marken bereits an wenigen Details erkannt werden können, selbst wenn diese nur unvollständig dargestellt werden. Grundsätzlich gilt, dass Marken für Verbraucher eine Bedeutung haben müssen, wobei idealerweise alle Zeichen prägnant dieselbe Bedeutung vermitteln.

Unternehmen stehen vor der Herausforderung, ihre Markenwerte durch möglichst viele Sinne gezielt zu vermitteln, um sich von der Konkurrenz explizit abzuheben und Konsumenten langfristig an ihre Marke zu binden. Das hat Gültigkeit für alle Sinnesebenen, die Markenzeichen senden können, von der Akustik bis hin zur Haptik. Die Bedeutung der verschiedenen Sinne im Rahmen der Markenkommunikation variiert jedoch branchenabhängig. So nehmen u. a. in der Automobil- und Lebensmittelindustrie die unterschiedlichen Sinnesmodalitäten eine hohe Bedeutung ein.

Im Rahmen der Markenführung, insbesondere der identitätsbasierten Markenführung, hat bisher die visuelle Dimension eine dominante Rolle gespielt. Balmer charakterisiert diese visuelle Dominanz als *"(...) that is clouding over the importance of the other senses of sound, scent, taste and touch."* (Balmer 2001). Aktuelle wissenschaftliche Beiträge stellen die Erweiterungen der visuellen Dimensionen um weitere sensorische Dimension in den Mittelpunkt der Untersuchung.

Neben den schon lange verwendeten visuellen und auditiven Stimuli steigt bei Unternehmen das Interesse am Einsatz anderer Sinnesreize. Die gezielte Ansprache mehrerer Sinne in der Markenkommunikation ist deshalb unverzichtbar, da sich damit die Unternehmens- und Produktmarken von der Konkurrenz explizit abheben und von den Konsumenten in der Flut an Werbeinformationen überhaupt noch wahrgenommen werden können. In Zukunft werden die Konsumenten im Zuge der Markenkommunikation immer öfters auch olfaktorischen, gustatorischen und/oder haptischen Sinneseindrücken ausgesetzt.

Im Rahmen von Haptischem Marketing, das eine Teildisziplin des Multisensorischen Marketings darstellt, stehen haptische Wahrnehmungsprozesse von Produkten und Dienstleistungen im Zentrum der Betrachtung. Die haptischen Sinneseindrücke lassen sich anhand mehrerer Dimensionen beschreiben. So zählen vor allem die Dimensionen Material, Oberfläche, Konsistenz, Elastizität, Temperatur, Gewicht, Form und Größe zu den haptischen Objekteigenschaften. Die Haptik kann wesentlich zur Differenzierung und Vertiefung von Markeneindrücken beitragen. Letztlich geht es darum, mit Hilfe von bewusst kreierten haptischen Eindrücken den Absatz von Produkten und Dienstleistungen positiv zu beeinflussen bzw. zu steigern, als auch das Markenimage und die Kundenbindung zu stärken.

Ziel der vorliegenden Arbeit ist es, eine kompakte und praxistaugliche Darstellung von Haptischem Marketing zu geben. Mit der vorliegenden Arbeit werden für die Unternehmenspraxis wichtige Ansatzpunkte zur haptischen Gestaltung von Marken geliefert, die durch konkrete Beispiele (Singapore Airlines, MINI) illustriert werden. Das Werk richtet sich an Marketing-Verantwortliche, die ihrem Unternehmen bzw. ihren Marken ein unverwechselbares haptisches Profil verleihen möchten.

Die Arbeit ist in sieben Kapitel gegliedert. Nach dem einleitenden ersten Kapitel sollen im zweiten Kapitel die theoretischen Grundlagen zur Wahrnehmung und Wirkung haptischer Reize kompakt vermittelt werden. Das dritte Kapitel beinhaltet die aktuelle Situation zur Haptischen Marke im Markenrecht. Das vierte Kapitel beinhaltet die Grundlagen zu Haptischem Marketing. Das folgende Kapitel umfasst zwei Praxisbeispiele bekannter haptischer Marken, nämlich Singapore Airlines und MINI. Das sechste Kapitel umfasst das Fazit und einen Ausblick der Arbeit. Das siebte und letzte Kapitel beinhaltet zwei Experteninterviews.

In der vorliegenden Arbeit wird aus Gründen der leichteren Lesbarkeit die männliche Form verwendet. Sie steht stellvertretend für Personen jeglichen Geschlechts.

Ihr Transfer in die Praxis

- Prüfen Sie, mit welchen Sinnen Sie Ihre Kunden in der Kommunikation ansprechen können.
- (In welchen Kanälen) Machen Sie bereits Werbung für Ihr Unternehmen bzw. Ihre Marke(n)?
- Nutzen Ihre Wettbewerber multisensorisches Marketing, insbesondere Haptisches Marketing?
- Setzen Sie Ihr Budget für multisensorisches Marketing bzw. Haptisches Marketing bereits optimal ein?

Literatur

Balmer J.M.T. (2001): Corporate identity, corporate branding and corporate marketing – seeing through the fog, in: European Journal of Marketing, Vol. 35, Nr. 3/4, S. 248–291.

Blinda, L. (2003): Relevanz der Markenherkunft für die identitätsbasierte Markenführung, Arbeitspapier Nr. 2, Lehrstuhl für innovatives Markenmanagement, Univ. Bremen.

Burmann, C./Halaszovich, T./Schade, M./Piehler, R. (2018): Identitätsbasierte Markenführung: Grundlagen – Strategie – Umsetzung – Controlling, Wiesbaden: Springer-Gabler.

Deutsches Patent und Markenamt (DPMA) (2022): Aktuelle Markenstatistiken. https://www.dpma.de/dpma/veroeffentlichungen/statistiken/marken/index.html. Zugegriffen: 12. Mai 2023.

Keller, R./Fischer, J.-H. (2008): Die Informationsüberlastung der Konsumenten: Eine empirische Studie aus Sicht der Marketingkommunikation. Diplomarbeit. Saarbrücken. Universität des Saarlandes, Institut für Konsum- und Verhaltensforschung.

Kroeber-Riel, W./Esch, F.-R. (2015): Strategie und Technik der Werbung. Verhaltenswissenschaftliche und neurowissenschaftliche Erkenntnisse, 8. Aufl., Stuttgart: Kohlhammer.

Kroeber-Riel, W./Gröppel-Klein, A. (2019): Konsumentenverhalten, 11. Aufl., München: Vahlen.

Meffert, H./Burmann, C. (1998): Abnutzbarkeit und Nutzungsdauer von Marken. Ein Beitrag zur steuerlichen Behandlung von Warenzeichen, in: Meffert, H./Krawitz, N. (Hrsg.): Unternehmensrechnung und -besteuerung. Grundfragen und Entwicklung, Wiesbaden: Gabler, S. 75–126.

Schweizer, M./Rudolph, T. (2004): Wenn Käufer streiken. Mit klarem Profil gegen Consumer Confusion und Kaufmüdigkeit, Wiesbaden: Gabler.

2

Wahrnehmung und Wirkung haptischer Reize

Was Sie aus diesem Kapitel mitnehmen

- Wie die Sinnesorgane und die dazugehörigen Sinnesmodalitäten systematisiert werden.
- Welche Gestaltungsmittel für die gezielte Ansprache der einzelnen Sinne relevant sind.
- Wie die menschliche Haut aufgebaut ist.
- Welche Gestaltungsparameter haptischer Sinneseindrücke zur Verfügung stehen.
- Kennzeichen und Ansprache weiterer Sinne.

Grundsätzlich ist der Mensch verschiedenen Umweltreizen ausgesetzt, die er über die fünf Sinnesorgane Augen, Ohren, Nase, Zunge und Haut aufnimmt. Die moderne Physiologie kennt für den Menschen noch vier weitere Sinne, nämlich den Gleichgewichtssinn, die Thermozeption (Temperatursinn), die Nozizeption (Schmerzempfindung) und die Propriozeption (Körperempfindung) (Springer 2008). Aufgrund der Verschiedenartigkeit der Sinnesorgane gibt es jedoch keine allgemeingültige physikalische Definition von Reizen, die in der Regel nur der

P. Steiner, *Quick Guide Haptisches Marketing*, Quick Guide,
https://doi.org/10.1007/978-3-658-41966-0_2

Auslöser für eine Wahrnehmung sind. Im folgenden Kapitel wird die Wahrnehmung und Wirkung haptischer Reize beschrieben.

2.1 Wahrnehmung von Sinnesreizen

Wahrnehmung ist ein Prozess der Informationsverarbeitung, durch den aufgenommene äußere und innere Reize im Gehirn entschlüsselt und zu einem individuell verständlichen Bild der Umwelt und der eigenen Person verarbeitet werden (Kroeber-Riel und Gröppel-Klein 2019). Der Mensch nimmt also nicht nur schlichte Sinnesreize auf, sondern die sensorischen Stimuli werden vom Gehirn vielschichtig interpretiert (Gazzalay und Rosen 2018). Dadurch lässt sich die Subjektivität der Wahrnehmung erklären.

Wahrnehmung ist nicht nur subjektiv, sondern auch selektiv. So wählen wir aus der Gesamtheit sensorischer Informationen ständig die relevante Teilmenge aus, die eine kohärente Wahrnehmung und effizientes Handeln ermöglichen (Müller et al. 2015).

In allen fünf Sinnesorganen befinden sich Sinneszellen (Rezeptoren) mit einer hohen Empfänglichkeit für eintreffende adäquate Reize. Jeder Rezeptor ist dabei auf bestimmte Reize spezialisiert und wandelt diese in nervöse Erregungen um, die über sensible Nerven an das zentrale Nervensystem weitergeleitet werden. Entscheidend dabei ist, ob die Reize bei der Aufnahme einen bestimmten Schwellenwert überschreiten, denn von der Reizschwelle hängt ab, ob es überhaupt zu einer Informationsaufnahme kommt.

Wird die Wahrnehmung einer Sinnesmodalität (z. B. Töne) mit einer anderen Sinnesmodalität (z. B. Farben) gekoppelt, so spricht man von Synästhesie. Hierbei ruft ein durch einen adäquaten Reiz ausgelöster sinnlicher Ausdruck im Bewusstsein des Wahrnehmenden einen zweiten Eindruck hervor. So können beispielsweise Düfte zu visuellen Eindrücken oder Töne zu farblichen Assoziationen führen. Die Kopplung auditiver und visueller Wahrnehmung ist gegenüber den anderen Sinnen besonders ausgeprägt (Haverkamp 2001).

Da der Mensch Eindrücke meist in Kombination aufnimmt, z. B. als Geschmack und Geruch spricht man auch von multisensorischer

Wahrnehmung. Im Zuge des Wahrnehmungsprozesses werden die Informationen, die über die getrennten Sinneskanäle aufgenommen wurden, zu einer ganzheitlichen Wahrnehmung vereinigt. Letztlich werden die empfangenen Informationen als Bilder, Geräusche, Temperatur, Bewegung bzw. Berührung erfahren.

Die Sinne haben unterschiedliche Übertragungskapazitäten. Jedes sensorische System kann pro Zeiteinheit nur eine begrenzte Anzahl von Informationen an das Zentralnervensystem weiterleiten. Die allgemeine Informationsaufnahmekapazität des Menschen beträgt etwa 10 bis 16 Bit/Sek. Von den vielen Informationen, die unsere Sinnesorgane wahrnehmen, gelangt nur ein Bruchteil in das menschliche Bewusstsein (Kesseler 2004).

In dieser Arbeit stehen ausschließlich die äußeren Reize und ihre Wirkung auf die Wahrnehmung im Mittelpunkt der Betrachtung. Zunächst wird das Gesamtsystem der sensorischen Rezeptoren und der externen Reize aus der Umwelt analysiert. Tab. 2.1 gibt einen systematisierten Überblick über die Sinnesorgane und dazugehörige Sinnesmodalitäten.

Sinnesempfindungen können gleichgesetzt werden mit den sensorischen Produkteigenschaften, die für sensorische Präferenzen bzw. Aversionen verantwortlich sind. Mittels deskriptiver Verfahren der sensorischen Produktforschung können diese identifiziert und quantifiziert werden. Die zur gezielten Ansprache der einzelnen Sinne relevanten Gestaltungsmittel sind in Abb. 2.1 zusammengefasst.

Alle von den Sinnesorganen erhaltenen Signale werden je nach Übertragungskapazität von den im Cortex liegenden primären sensorischen Arealen empfangen und verarbeitet, wobei die Wirkung dieser Verarbeitung höher ist, wenn der Einsatz mehrerer Reizmodalitäten zeitgleich und ganzheitlich erfolgt. Ist man gleichzeitig vielen Reizen gleicher oder unterschiedlicher Modalität ausgesetzt, kann es jedoch auch zur Reizüberflutung und folglich zur Störung im Wahrnehmungsprozess kommen. Um einer Reizüberflutung vorzubeugen, werden nicht alle Reize im Gehirn verarbeitet, sondern vorab „gefiltert“. Dieser Prozess wird Anpassung der Rezeptoren oder Adaption genannt.

Tab. 2.1 Systematisierung der Sinnesorgane. (Eigene Darstellung in Anlehnung an Cube 1970, S. 156 und Birbaumer und Schmidt 2006, S. 298 ff.)

Sinnes-organ	Sinn	Sinnes-eindruck (Wahr-nehmung)	Sinnes-reiz	Rezeptor	Sinnes-empfindung (Beispiele)	Über-tragungs-kapazität
Augen	Gesichtssinn	Optisch	Licht-wellen	Stäbchen und Zapfen der Retina	Hell/dunkel, farbig	10 Mio. Bit/Sek
Ohren	Gehörsinn	Akustisch	Schall-wellen	Haarzellen des Cortio-gans	Leise/laut, nah/fern	1,5 Mio. Bit/Sek
Haut/Bewegung	Temperatur-sinn, me-chanischer Hautsinn, Schmerz-sinn	taktil/kinäs-thetisch	äußerer Kontakt	Nerven-endungen in der Haut	Warm/kalt, glatt/rau, warm/kalt, schwer/leicht	200.000 Bit/Sek
Nase	Geruchssinn	Olfaktorisch	Geruchs-tragende Sub-stanzen	Haarzellen des olfakto-rischen Epithels	Fruchtig, aromatisch	14–46 Bit/Sek
Zunge	Geschmacks-sinn	Gusta-torisch	Lösliche Sub-stanzen	Ge-schmacks-knospen der Zunge	süß/bitter	13 Bit/Sek

Sinnes-	Organ	Augen	Ohren	Nase	Haut	Mund
	Modalität	visuell	auditiv	Olfaktorisch	haptisch	gustatorisch
Material (Substanz)		●	○	○	●	○
Form		●			○	
Farbe (Licht)		●			○	
Duft (Gas)		○		●	○	●
Aroma				●		●
Klang (Ton)		○	●		○	
Bewegung		●	○		○	
Temperatur		○		○	●	
Räumlichkeit		●	○		●	
Kraft					●	
Beispiele	Alltag	TV	Radio	Parfüm	Trinkglas	Kaugummi
	Marken	Lila Kuh (Milka)	Klingelton (Nokia)	Eau de Toilette (Chanel)	Bierflasche (Corona)	Energy Drink (Red Bull)
Legende:	●	= trifft immer zu (unmittelbar wahrnehmbar)				
	○	= trifft nur selten bzw. indirekt zu (mittelbar wahrnehmbar)				

Abb. 2.1 Gestaltungsmittel zur Ansprache der fünf Sinne. (Eigene Darstellung in Anlehnung an Kilian 2007, S. 327)

2.2 Kennzeichen und Ansprache des haptischen Sinnessystems

Der menschliche Körper besitzt eine Vielzahl von Sinnesrezeptoren (Sensoren), um Sichtbares, Geräusche, Geschmäcker, Gerüche, Tastbares, Wärmequellen etc. zu registrieren. Die erfassten Informationen werden im Gehirn zu Wahrnehmungserfahrungen verarbeitet und gespeichert. Im Folgenden werden die Aufnahme, Verarbeitung und Speicherung von Sinnesreizen ausführlich betrachtet, wie sie von jeder Marke ausgehen.

Wie bereits gezeigt wurde, reagiert jedes Sinnesorgan auf unterschiedliche Reize: das Auge auf Lichtenergie, die Nase auf chemische Substanzen usw. Die über die Sinnesorgane aufgenommenen Informationen werden an das Gehirn zur Verarbeitung und Speicherung weitergeleitet, wo sie in beiden Hirnhälften verarbeitet werden. Während die linke Hirnhälfte vor allem für sprachlich-logische Reizverarbeitungen verantwortlich ist, verarbeitet die rechte Hirnhälfte primär nichtsprachlich-visuelle Reize. Dabei gilt: Unterschiedliche Hirnregionen sind in die Verarbeitung verbaler und räumlicher Information involviert (Anderson 2007).

Man geht heute davon aus, dass die effizienteste wahrnehmungsbasierte Wissensrepräsentation, d. h. die Organisation und Nutzung von Informationen im Langzeitgedächtnis, durch duale Kodierung verbaler und visueller Reize geschieht. Dabei werden sowohl die linke als auch die rechte Hirnhälfte angesprochen. Die Reizmuster in Form von multisensorischen Reizen werden im Gehirn als innere „Gedächtnisbilder" (Imageries) repräsentiert. Dabei können nicht nur visuelle Reize als Imageries fungieren, sondern auch Reize anderer Sinnesmodalitäten, wie akustische Reize oder Geruchsreize in ihrer modalitätsspezifischen Form (Linxweiler 2004). Die mittlerweile teilweise überholte Hemisphärenforschung besagt, dass bei rechtshändigen Menschen die rechte Hirnhälfte bedeutend leistungsfähiger (schnellere, gleichzeitige, automatische Verarbeitung, große Speicherkapazität, keine kognitive Kontrolle) ist, als die linke Hälfte (langsamer, sequentielle Verarbeitung, weniger Speicherkapazität, kognitive Kontrolle).

Die Gesamtheit der Wahrnehmung, Verarbeitung und Speicherung haptischer Reize wird als haptisches Sinnessystem bezeichnet. Es dient zur Vergewisserung und Bestätigung von Eindrücken und gilt auch als verlässlichstes unter den Sinnen. Das haptische Sinnessystem beinhaltet alle Hautsinne (taktiler Sinn) und den Muskel- oder Bewegungssinn (kinästhetischer Sinn). Während kinästhetische Sinneseindrücke durch Rezeptoren in den Gelenken und an den Muskelfasern ausgelöst werden, beziehen sich taktile Sinneseindrücke auf Wahrnehmungsprozesse, die auf eine mechanische, nicht schmerzhafte Verformung der Haut zurückzuführen sind (Gibson 1973).

Die zwei wesentlichen Arten, die man im Bereich Haptik unterscheidet sind die Berührhaptik und die Druckhaptik. Während das druckhaptische Empfinden die Härte bzw. Weichheit eines Materials umfasst, die man beim Greifen verspürt, so ist die Berührhaptik durch das in den Fingerkuppen wahrgenommene Gefühl beim Überstreichen der Oberfläche charakterisiert.

Haptische Reize spielen in unserem Alltag eine bedeutende Rolle. Sogar die psychische Entwicklung des Menschen ist abhängig von dem Ausmaß der Berührung, die wir als Säugling empfangen. Durch das Betasten von Textilien und Nahrungsmitteln beurteilen wir deren Qualität. Haptische Sinneseindrücke ermöglichen die Wahrnehmung von Parametern wie Konsistenz, Temperatur und Gewicht. Nach Braem werden (isoliert betrachtet) lediglich 1,5 % aller Informationen über die Haut und Bewegung wahrgenommen. Die Haut erfüllt jedoch eine Vielzahl von Leistungen und Funktionen. So gewährleistet sie u. a. Mechanischen Schutz, Wärme-, Flüssigkeits-, Strahlen- und Infektionsschutz (Lippert 2003).

Objekte werden als Erstes nach dem Aussehen beurteilt, da der Prozess des visuellen Erkennens viel schneller abläuft als das erkennende Tasten. Nachdem ein Objekt ertastet wurde, kommt es zu einer Beeinflussung des Tastbefundes durch das Sehen.

2.2.1 Die Haut

Die Haut ist das schwerste und größte sensuale Organ des Menschen. Im weiteren Sinne besteht die Haut aus drei Schichten, nämlich aus der Oberhaut (Epidermis), der Lederhaut (Dermis) und dem Unterhautfettgewebe (Hypodermis). Die Haut im engeren Sinne umfasst die Oberhaut und Lederhaut. Die Oberhaut setzt sich aus dem mehrschichtigen verhornten Plattenepithel zusammen. Die 1 bis 2 mm dicke Lederhaut hingegen besteht aus elastischem Bindegewebe und das Unterhautgewebe aus Fettgewebe (Springer 2008).

Mithilfe von Rezeptoren, die sich in der Haut befinden, ermöglicht uns der Hautsinn die Wahrnehmung von äußeren Umweltreizen. Durch die Sinneszellen des Tastsinnes, die in Oberflächen- und Tiefensensoren gegliedert sind, werden gleichzeitig unterschiedliche Reizinformationen registriert und aufgenommen. Entsteht nun ein leichter Druck auf der Haut, so werden unter der Haut elektrische Signale erzeugt. Letztere werden in gebündelter Form an das Rückenmark gesendet. Von dort aus werden die Signale über zwei Nervenbahnen in die verschiedenen Gehirnregionen geleitet.

2.2.2 Gestaltungsparameter haptischer Sinneseindrücke

Als Produktgestaltungsmittel werden Material, Form, Farbe und Oberfläche unterschieden. Jedes

Produkt besteht aus einer spezifischen Kombination dieser Gestaltungsmittel, aus der sich bestimmte Funktionen ergeben. Letztlich ergeben sich Wirkungen auf den Konsumenten, die sich isoliert analysieren lassen. Die einzelnen Gestaltungsmittel des Produktdesigns werden über die Sinne wahrgenommen, wobei durch eine zielgerichtete Kombination von Produktgestaltungsmitteln eine spezifische Reaktion hervorgerufen werden kann (Meyer 2001).

Die haptischen Sinneseindrücke lassen sich anhand mehrerer Dimensionen beschreiben. So zählen vor allem die Dimensionen Material, Oberfläche, Konsistenz, Elastizität, Temperatur, Gewicht, Form und Größe zu den haptischen Objekteigenschaften. Wie Chen et al. (2009) in ihrer Studie nachweisen konnten, wird die haptische Wahrnehmung oft mit mehr als einer physischen Eigenschaft in Verbindung gebracht. So wurden u. a. Produktoberflächen, die als warm wahrgenommen wurden auch gleichzeitig als weich/zart empfunden.

Die Bedeutung einzelner Wahrnehmungsdimensionen bei der haptischen Wahrnehmung kann durch eine entsprechende Lenkung der Aufmerksamkeit verändert werden. So können sonst untergeordnete Wahrnehmungsdimensionen, wie beispielsweise die Temperatur, wahrnehmungsmäßig in den Vordergrund rücken. Unabhängig davon, welche Reize bei der haptischen Wahrnehmung im Vordergrund stehen, werden die psychophysiologischen Maße der Sensitivität der Haut beträchtlich durch kognitive Bestimmungsgrößen beeinflusst. Hierbei spielt vor allem die Aufmerksamkeit eine bedeutende Rolle, denn durch eine entsprechende Lenkung der Aufmerksamkeit kann die haptische Wahrnehmung beeinflusst werden.

Nicht erst die Berührung der Haut führt zu einer Aktivitätserhöhung, sondern bereits die Erwartung einer Berührung. Folglich reicht die auf die betreffende Hautstelle gerichtete Aufmerksamkeit aus, um eine lokale Erregungsänderung in dem Bereich des Hirns hervorzurufen, in dem die Sinneserregung zu erwarten ist. Der haptische Sinn ist sowohl für die Marken- als auch für die Produktkommunikation von essentieller Bedeutung. So wurde in Untersuchungen nachgewiesen, dass bestimmte Gegenstände, die wiederholt haptisch erfahren wurden, als angenehmer beurteilt werden als Gegenstände, die noch nicht betastet wurden. Nach Untersuchungen von Guéguen/Jacob (2006) wirkt sich dies positiv auf das Konsumverhalten aus.

Die taktile Wahrnehmung nimmt bei Kindern einen hohen Stellenwert ein, da sie zum Identifizieren von Objekten dient. Bei Erwachsenen hingegen wird sie stärker durch die visuelle Wahrnehmung kompensiert. Die psychophysiologischen Maße der Hautsensitivität werden durch gelernte Gedächtnisinhalte, durch Aufmerksamkeit und Erwartungen bestimmt. Dabei ist es nicht von Bedeutung, welche Sinneseindrücke bei der haptischen Wahrnehmung vordergründig sind. Untersuchungen hinsichtlich der Gedächtnisinhalte haben ergeben, dass Menschen gut vertraute Objekte nur durch Tasten allein bereits innerhalb von 1 bis 2 s richtig erkennen können. Somit wird durch die richtige Wahl von Formen und Materialien eine leichtere Erinner- und Abrufbarkeit erzielt.

Für das haptische Sinnessystem sind nicht nur Interaktionseffekte zwischen den Dimensionen der Sinneseindrücke feststellbar, sondern auch Beeinflussungen anderer Sinnesmodalitäten. So wird ein dunkler Gegenstand bei objektiv gleicher Form und gleichem Gewicht als schwerer und kleiner wahrgenommen als ein heller Gegenstand. „Generell wirken helle Objekte glatter, härter, spitzer und leichter als dunkle, und dasselbe Material wird als rauer empfunden, wenn es farblich mit Hell-Dunkel-Kontrasten gestaltet ist.“ (Springer 2008).

In Bezug auf die haptische Wahrnehmungsdimension sind die Oberfläche und die Konsistenz des Materials von zentraler Bedeutung. Je komplexer die haptische Wahrnehmung ist, desto stärker werden die

Temperatur, Form und Gewicht darüber hinaus berücksichtigt. Daraus folgt, dass die Form und die Größe eine eher untergeordnete Rolle in der Bedeutungsreihenfolge spielen. Wie in zahlreichen Studien nachgewiesen wurde, liegt die Ursache u. a. in der besseren visuellen als haptischen Wahrnehmung dieser Sinneseindrücke. Ist das visuelle Sinnessystem nicht nutzbar, so werden Gegenstände vorrangig an ihrer Form wiedererkannt. Abb. 2.2 zeigt einen Vergleich haptischer Sinneseindrücke.

Die Dimension Gewicht hat vor allem Auswirkungen auf die Qualitätsbeurteilung von Objekten. So konnten Knoblich et al. (2003) im Rahmen einer Studie, in der der Einfluss des Papiergewichtes eines Prospektes untersucht wurde, nachweisen, dass ein hohes Gewicht neben einer glatten Oberfläche für eine positive Qualitätsbeurteilung verantwortlich ist. Die Dimension Oberfläche führt bei den Benutzern zu unterschiedlichen gefühlsmäßigen Reaktionen. Während beispielsweise Hölzer eine gediegene Wahrnehmungsatmosphäre verleihen, erzeugen Metalle ein Wahrnehmungsklima von Eleganz. Ferner werden harte, kantige und schwere Gegenstände, die eine raue Oberfläche aufweisen, mit der Emotionsqualität „robust" assoziiert. Im Gegensatz dazu ist die Emotionsqualität „behaglich" durch weiche und glatte Oberflächen, die sich warm anfühlen, gekennzeichnet (Meyer 2001).

Zusammenfassend kann festgehalten werden, dass innerhalb der kommunikativen Gestaltungsoption stets die Summation verschiedener haptischer Sinneseindrücke sowie die Integration der Sinnessysteme im Wahrnehmungsprozess berücksichtigt werden müssen. Im Folgenden wird auf die visuellen, auditiven, olfaktorischen und gustatorischen Ausgestaltungsmöglichkeiten, die sogenannten Modalitäten, näher eingegangen.

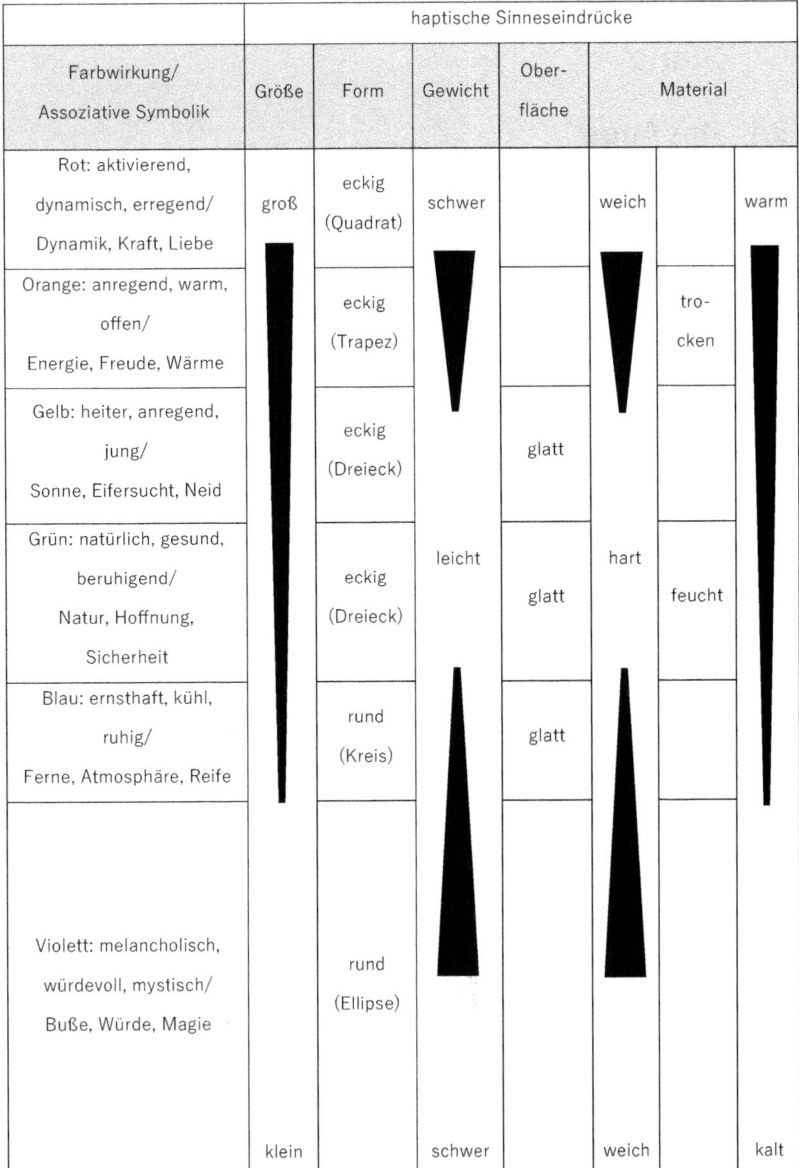

	haptische Sinneseindrücke						
Farbwirkung/ Assoziative Symbolik	Größe	Form	Gewicht	Oberfläche	Material		
Rot: aktivierend, dynamisch, erregend/ Dynamik, Kraft, Liebe	groß	eckig (Quadrat)	schwer		weich		warm
Orange: anregend, warm, offen/ Energie, Freude, Wärme		eckig (Trapez)				trocken	
Gelb: heiter, anregend, jung/ Sonne, Eifersucht, Neid		eckig (Dreieck)		glatt			
Grün: natürlich, gesund, beruhigend/ Natur, Hoffnung, Sicherheit		eckig (Dreieck)	leicht	glatt	hart	feucht	
Blau: ernsthaft, kühl, ruhig/ Ferne, Atmosphäre, Reife		rund (Kreis)		glatt			
Violett: melancholisch, würdevoll, mystisch/ Buße, Würde, Magie	klein	rund (Ellipse)	schwer		weich		kalt

Abb. 2.2 Vergleich haptischer Sinneseindrücke (Eigene Darstellung in Anlehnung an Springer 2008, S. 86)

2.3 Kennzeichen und Ansprache weiterer Sinne

2.3.1 Das Auge

Das visuelle Sinnessystem enthält einen rezeptiven Anteil, der insbesondere aus den Sinneszellen der Netzhaut (Retina) besteht, sowie einen integrativen Abschnitt, der einzelne Retinaneuronen und Teile des Gehirns umfasst. Der visuelle Sinn gilt als einer der verlässlichsten Sinne und zeichnet sich bei der Umwandlung von Licht vor allem durch folgende Leistungen aus:

Das zeitliche Auflösungsvermögen des Sehsystems ist außerordentlich hoch. Während akustische Signale stets eine gewisse Verzögerung beinhalten, kann das im Sichtfeld stattfindende Ereignis praktisch gleichzeitig mit den Augen wahrgenommen werden. Das Licht ist rund 900.000-mal schneller als der Schall.

Mithilfe des Kontrastsehens können Gegenstände insbesondere bei geringen Lichtunterschieden leicht identifiziert werden. Die präzise Erfassung der Augen ermöglicht die Beobachtung anderer Lebewesen in ihrer Ausformung und Dynamik. Die Reflexivitätseigenschaft, die die visuelle Perzeption gegenüber der akustischen Wahrnehmung auszeichnet, geht mit der präzisen Erfassung einher.

Durch die Spektralanalyse wird Farbensehen ermöglicht, sodass sich Farbabstufungen bei gleich hellen Objekten unterscheiden lassen (Springer 2008).

Ein Mensch nimmt zwischen 60 bis 90 % aller Informationen visuell auf. Um visuelle Information aufzunehmen, müssen diese im sichtbaren Licht enthalten sein, denn bei Dunkelheit bleiben alle nichterleuchteten Körper dem Auge unsichtbar, da Körper und Farben erst durch auftretende Lichtstrahlen wahrnehmbar werden. Sichtbares Licht stellt ein schmales Energieband innerhalb des elektromagnetischen Spektrums zwischen 400 und 700 nm (nm) dar, wobei die angrenzenden kürzeren (ultravioletten) und längeren (infraroten) Wellenlängen für das menschliche Auge unsichtbar sind. Die Wellenlänge bestimmt dabei die Farbempfindung. So wird Licht mit niedrigen Wellenlängen (ca. 380 nm) als blau und Licht mit höheren Wellenlängen (ca. 750 nm) als rot wahrgenommen (Ditzinger 2006).

Das Auge besteht aus einem optischen System und der Netzhaut. Während das optische System die Aufgabe hat, elektromagnetische Wellen zu brechen, ist die Netzhaut dafür verantwortlich, dass sie aus den gebrochenen Strahlen ein Bild der Umwelt erzeugt. Dies geschieht durch die Photorezeptoren, die sogenannten Zapfen und Stäbchen, die auf der Netzhaut die einfallenden physikalischen Reize (Lichtstrahlen) in Nervenimpulse umwandeln. Während die lichtempfindlichen Stäbchen, die nur hell und dunkel unterscheiden, pro Auge ca. 140 Mio. Zellen umfassen, sind die Zapfen mit etwa 8 Mio. Zellen weit weniger häufig. Letztere besitzen die Aufgabe, Farben und Formen zu erkennen und benötigen daher mehr Licht als die Stäbchen. Vor allem die Zahl der Zapfen pro Flächeneinheit bestimmt dabei unsere Sehschärfe (Bartels et al. 2004).

Durch das einfallende Licht, das in der Linse gebündelt wird, entsteht ein umgekehrtes, verkleinertes Bild eines Gegenstandes auf der Netzhaut. Das projizierte Abbild ändert sich infolge der Bewegungen des Menschen und der Umwelt fortwährend. In der Regel springt der Blick drei bis fünfmal pro Sekunde, sodass alle 200 bis 300 ms ein anderer Teil des Sehfeldes fixiert wird. Beide Augen liegen durchschnittlich ca. 6,4 cm auseinander. Durch ihre unterschiedlichen Positionen liefern sie zwei disparate Bilder, die leicht unterschiedliche Ansichten eines Objektes zeigen. Während die gesammelten Informationen des linken Gesichtsfeldes in die rechte Hemisphäre gelangen, werden die aufgenommenen Informationen des rechten Gesichtsfeldes in die linke Hemisphäre weitergeleitet. Für diesen Vorgang ist die Sehnenkreuzung des optischen Traktes verantwortlich. In den beiden Gehirnhälften werden schließlich die unterschiedlichen Bildinformationen der Verschmelzungstheorie zufolge zusammengeführt und ausgewertet (Scharf 2000).

Das optische System des Auges wird oft mit einem traditionellen Fotoapparat verglichen. Es besitzt eine Blende (Regenbogenhaut mit Pupille), eine Linse und eine Schicht, in der bei Lichteinfall chemische Umsetzungen stattfinden, sowie die Netzhaut (Retina). Weitere Bestandteile des Auges sind Glaskörper, Lederhaut (Sclera),

Hornhaut (Cornea), Aderhaut (Choroidea), Ringmuskel (Ziliarmuskel), vordere und hintere Augenkammer und die Nervenfaserschicht.

Zu den elementaren Dimensionen der Sinneseindrücke bei der Betrachtung visueller Signale (z. B. Bilder, Texte und Räumlichkeiten) zählen Farben, Formen, Raum und Bewegung. Die zielgruppenspezifische Kommunikation mit Hilfe visueller Elemente stellt einen Schwerpunkt der multisensorischen Kundenansprache dar. Bei der Ausgestaltung der visuellen Maßnahmen hat die Wahl der eingesetzten Farben eine große Bedeutung. Bei industriell hergestellten Produkten dient die Farbwahl u. a. zur Verdeutlichung der Gebrauchsfunktion, der Sicherheitsfunktion und der ästhetischen Funktion. Schließlich prägen das Design und die Markendarstellung die wahrnehmbare Leistung als Ganzes.

Farben zählen zu den wichtigsten visuellen Gestaltungsmitteln, da sie Assoziationen hervorrufen und somit Bedeutungen konnotieren können. Farben sind „visualisierte Gefühle" und eng mit den archetypischen menschlichen Erfahrungen verknüpft. Sie bewirken klar erkennbare und messbare Zustände. Farben greifen direkt, massiv und vom klaren Denken weitgehend unkontrolliert in biochemische und biophysikalische Prozesse des menschlichen Körpers ein. So werden u. a. Herzschlag, Blutdruck, Puls und Atemfrequenz von Farben beeinflusst (Braem 1985).

Eine Variation der Farbgebung eines Objektes führt bei gleicher Form und gleichem Gewicht eines Produktes dazu, dass ein heller Gegenstand im Vergleich zu einem dunklen Gegenstand leichter und größer eingeschätzt wird (Meyer 2001). Farben beeinflussen jedoch nicht nur die Wahrnehmung des Gewichts, sondern auch des Geschmacks, des Geruchs, der Konsistenz, der Qualität, der Haltbarkeit, der Frische und der Temperatur. So variieren geschätzte Temperaturen von Räumen mit „kühlen" und „warmen" Farben um bis zu 6 Grad (zwischen 15 °C und 21 °C) (Küthe und Küthe 2003). Die Wirkungen von Farben werden neben dem Farbton auch durch die Helligkeit, Intensität, Sättigung und Kontraste beeinflusst. So werden leuchtkräftige und gesättigte Farben angenehmer erlebt als blasse Farben. Intensiv farbige und graphisch komplexe Muster können jedoch auch als Überinformation zu einer Überstimulation führen. Graphische Elemente lassen sich besser unterscheiden, wenn sie sowohl in der geometrischen Form als auch in der Füllung der Form abweichen. Meist werden Formen mittlerer Komplexität am leichtesten wahrgenommen (Crook 1957).

Die Farbgebung wirkt sich auch auf die haptische Wahrnehmung aus. So suggeriert beispielsweise eine hellgrau glänzende Fläche eher einen harten, kühlen, metallenen Griff. Eine lichtgrau-blaue Fläche hingegen lässt eine sehr glatte, wässrige Oberfläche vermuten. Farben sind außerdem imstande, die Illusion von Perspektiven zu schaffen, denn Farben wirken umso näher, je wärmer sie sind und umso entfernter, je kälter sie sind. Gleichzeitig scheinen Flächen bzw. Räume warmer Farben, wie Rot oder Orange, in der Regel größer bzw. voluminöser als physisch gleich große Flächen bzw. Räume kalter Farben, wie Blau und Grün. Des Weiteren wirken intensive Farben näher als blasse Farben (Heller 2004).

2.3.2 Das Ohr

Vielfach wurde nachgewiesen, dass das Ohr im „Orchester der Sinne" eine besondere, integrierende Funktion einnimmt. Der Hörsinn, der zu den Fernsinnen zählt, ist von allen Sinnen derjenige, der die Zeit am feinsten auflöst. Im Gegensatz zu den beiden Fernsinnen Hörsinn und Sehsinn zählen die übrigen Sinne zu den Nahsinnen. Bei den Nahsinnen wird der Sinneseindruck direkt mit dem Organ verknüpft.

Grundsätzlich können zwei Arten des (Zu)hörens unterschieden werden. Bei der Wahrnehmung von akustischen Reizen kommen einerseits Attribute zur Anwendung, die nicht unbedingt unmittelbar physischen Eigenschaften von Klangquellen zugeordnet werden können (z. B. Tonhöhe, Klangfarbe). Solche abstrakten Attribute sind oft in traditionellem musikalischem Kontext von Bedeutung („Musical Listening"). Andererseits können Klänge im Sinn von Eigenschaften klangerzeugender Prozesse wahrgenommen werden. Dies ist meistens unwillkürlich in alltäglichen Situationen (z. B. Verkehrsgeräusche) der Fall („Everyday Listening") (Gaver 1988).

Im Mittelpunkt des auditiven Sinnessystems stehen die Schallaufnahme und -analyse, denn die biologische Bedeutung des Hörsinns ist nicht das Musikhören, sondern die Ortung von Schallquellen in der

Umwelt. Diese hoch automatisierte Fähigkeit war in den Anfangszeiten der menschlichen Entwicklung überlebenswichtig, weshalb sie auch grundsätzlich nicht abgeschaltet werden kann.

Um ein Schallereignis wahrnehmen zu können, muss eine einfache physikalische Wirkungskette vorausgehen. Dabei versetzt eine Schallquelle die sie umgebende Luft in kleine Schwingungen, die in Folge von Kompressibilität und Masse der Luft übertragen werden und zum Ohr des Hörers gelangen. In der übertragenden Luft (bzw. dem Gas oder der Flüssigkeit) finden dabei physikalisch kleine Druckschwankungen statt. Dieser Druck wird als Schalldruck bezeichnet und ist naturgemäß orts- und zeitabhängig (Möser 2009).

Das menschliche Gehör ist u. a. durch das Richtungshören charakterisiert. Dies wird dadurch ermöglicht, dass Schallquellen, die nicht direkt aus der Blickrichtung kommen, mit unterschiedlicher Intensität (Amplitudendifferenz) und kleinsten Zeitunterschieden (Zeitdifferenz) an den Ohren eintreffen. Da die Abnahme der Amplitude und die Entfernung von der Schallquelle zueinander in einem festen Verhältnis stehen, kann die Amplitudendifferenz zwischen beiden Ohren auch als Information über die Entfernung der Schallquelle genutzt werden.

Des Weiteren ist das menschliche Gehör durch seine Trägheit gekennzeichnet, die bei kurzen Schallimpulsen die Wahrnehmung in voller Pegelhöhe verhindert. Das Gehör besitzt die besondere Fähigkeit, Geräusche mit bestimmten Eigenschaften in Verbindung zu bringen. Diese Tatsache wird u. a. beim Sound Design genutzt, insbesondere in der Automobilwirtschaft. So soll das typische Geräusch beim Zuschlagen von Autotüren Sicherheit und Qualität signalisieren, der Motorsound hingegen Emotionen transportieren.

Das Hörfeld bezeichnet jenen Bereich der auditiven Wahrnehmung, in welchem ein akustisches Ereignis im auditiven System eine wahrnehmbare Empfindung auslöst. Beim Menschen reicht dieser hörbare Frequenzbereich von etwa 16 bis 20.000 Hz (Hz) und umfasst rund zehn Oktaven mit jeweils zwölf halben Tönen. Die Fähigkeit zum Hören der hohen Frequenzen ist jedoch individuell verschieden und vor allem vom Personenalter abhängig. Während in jungen Jahren selbst Frequenzen bis zu etwa 20 kHz gehört werden, sinkt diese Frequenzgrenze im hohen Alter unter 10 kHz herab. Schall mit Frequenzen unterhalb des Hörbereichs (Infraschall) und oberhalb des Hörbereichs (Ultraschall) ist für den Menschen nicht hörbar.

Das Ohr ist in verschiedenen Frequenzbereichen unterschiedlich empfindlich. So liegt der Bereich der größten Empfindlichkeit zwischen 3 und 5 kHz. Tonhaltige Geräusche in diesem Frequenzbereich werden als besonders störend empfunden. Ausgehend vom Stimmton a, der 1939 auf 440 Hz festgelegt wurde, werden Töne je nach ihrer Frequenz in tiefe, mittlere und hohe Töne eingeteilt. So umfassen tiefe Töne den Frequenzbereich von ca. 20 bis 250 Hz, mittlere Töne decken den Bereich zwischen 250 und 1000 Hz ab und Töne im Bereich zwischen 1000 und 4200 Hz werden als hohe Töne bezeichnet. Oberhalb von 4200 Hz sind keine Grundtöne mehr angesiedelt (Flückiger 2001). Der Frequenzabschnitt, der für die Sprachwahrnehmung wichtig ist, liegt etwa zwischen 400 und 3000 Hz.

Die drei menschlichen Primärempfindungen bei der Wahrnehmung von akustischen Ereignissen sind Lautstärke, Tonhöhe und Klangfarbe. Die Empfindung der Tonhöhe hängt mit der Grundfrequenz zusammen, die Lautstärke mit der Intensität und die Klangfarbe mit dem Frequenzspektrum (Roederer 2000). Kulturspezifische Erfahrungen und Gewohnheiten beeinflussen zusätzlich unser Klangempfinden.

Die Zuordnung von Tonhöhe, Lautstärke und Klangfarbe zu einem musikalischen Klang ist das Ergebnis der Verarbeitungsvorgänge in Ohr und Gehirn und folglich subjektiv und nicht direkt physikalisch messbar. Prinzipiell ist es aber möglich, jede dieser drei primären Empfindungen mit einer genau definierten Größe des ursprünglichen Reizes, d. h. der Schallwelle, in Verbindung zu bringen, die mit physikalischen Methoden genau gemessen und in Zahlen ausgedrückt werden kann. So hängt die Empfindung der Tonhöhe mit der Grundfrequenz zusammen, die Lautstärke mit der Intensität und die Klangfarbe mit dem Frequenzspektrum.

Beim auditiven Übertragungsweg befinden sich bedeutend mehr Zwischenstationen im Gehirn als beim visuellen System. Dafür nimmt das auditive System eines Individuums auch Informationen über Objekte auf, die sich seitlich oder hinter ihm befinden. Erklingen zwei oder mehr Töne zeitgleich, so kann unser Gehirn sie einzeln wahrnehmen. Selbst einfache Melodien enthalten unterschiedliche musikalische Dimensionen wie Rhythmus, Harmonik und Dynamik.

Akustische Reize, insbesondere Musik, können Bedeutungen in zwei unterschiedlichen Richtungen transportieren. Zum einen können akustische Stimuli den Sinnesgehalt von konkreten Sounds (u. a. Vogelgezwitscher) vermitteln. Zum anderen eignen sich akustische Elemente, um abstrakte Klänge (u. a. Sound Logo) zu kommunizieren.

Man geht heute davon aus, dass die effizienteste wahrnehmungsbasierte Wissensrepräsentation, d. h. die Organisation und Nutzung von Informationen im Langzeitgedächtnis, durch duale Kodierung verbaler und visueller Reize geschieht. Dabei werden sowohl die linke als auch die rechte Hirnhälfte angesprochen. Die Reizmuster in Form von multisensorischen Reizen werden im Gehirn als innere „Gedächtnisbilder" (Imageries) repräsentiert. Dabei können nicht nur visuelle Reize als Imageries fungieren, sondern auch Reize anderer Sinnesmodalitäten, wie akustische Reize. So werden akustische Bilder gedanklich oft mit visuellen Bildern verbunden. Insbesondere im Radio spielen akustische Bilder eine zentrale Rolle, um eine lebendige Markenerinnerung zu erreichen und sachliche oder emotionale Eindrücke zu erzeugen (Linxweiler 2004).

Grundsätzlich können akustische Reize sowohl emotionale (affektive) als auch kognitive (Marken)Informationen vermitteln, wobei dies vor allem für Musik im Zusammenhang mit dem Auslösen von Emotionen nachgewiesen werden konnte: Es wundert daher nicht, dass Studien zur Repräsentation von Musik im Gehirn ergaben, dass praktisch das gesamte Gehirn zur Musik beiträgt. (Spitzer 2002). Kaum jemand wird wohl daran zweifeln, dass akustische Reize, insbesondere Musik, den Menschen emotional ergreifen und in unterschiedliche Stimmungen versetzen kann.

Zahlreiche Studien belegen, dass das Hören von Musik Emotionen beim Rezipienten auslöst. Durch die Wahl der Musikinstrumente (abgestimmt auf einzelne Zielgruppen) lassen sich dabei spezifische Emotionen, wie „französisches Savoir vivre" oder „Sehnsucht nach der Ferne" auslösen, die von einer großen Anzahl von Rezipienten gleichsam empfunden werden. In Studien zeigte sich ebenfalls, dass unterschiedliche Musikstile bestimmte Bedeutungen beim Rezipienten erzielen können. Beispielsweise erzeugte klassische Musik oder Rap-Musik einen ähnlichen ästhetischen Ausdruck über viele Probanden hinweg.

Bruner (1990) unterscheidet die folgenden akustischen Gestaltungsparameter: Lautstärke, Tempo, Rhythmus, Tonart, Tonhöhe und Harmonie. Diese können gezielt eingesetzt werden, um die vom Rezipienten empfundenen Emotionen zu beeinflussen. So haben mehrere Studien belegt, dass schnelle Musik fröhlicher und angenehmer empfunden wird als langsame Musik.

Die Interaktion von nur zwei akustischen Gestaltungsparametern (z. B. Tempo und Tonart) besitzt eine Komplexität, die schwierig zu kontrollieren und interpretieren ist. Die Verarbeitung und Speicherung von akustischen Reizen ist noch nicht vollständig erforscht. Daher verwundert es nicht, dass neurophysiologische Grundlagen der Wahrnehmung von Musik als komplexem akustischem Reiz bisher nur ansatzweise aufgeklärt sind.

2.3.3 Die Nase

Der Mensch kann Tausende verschiedener Duftstoffe unterscheiden und manche Düfte noch in extremer Verdünnung wahrnehmen. Trotzdem gelingt es der subjektiven Riechphysiologie bisher nicht, Geruchsqualitäten scharf gegeneinander abzugrenzen (Birbaumer und Schmidt 2006).

Lange Zeit galt der Geruch als ein „verlorener Sinn". Er zählt zu den „niederen" Sinnen bei uns Menschen. Aber gerade in der heutigen Zeit, in der wir mit einer visuellen und akustischen Reizüberflutung konfrontiert sind, kann der Geruch entscheidend zur Differenzierung beitragen.

Duftstoffe dienen als Signalstoffe. So erkennen Neugeborene die Mutterbrust mit Hilfe eines Duftes, der von den Drüsen um die Brustwarzen abgegeben wird. Alle Menschen mit Ausnahme von eineiigen Zwillingen besitzen einen Eigengeruch, der genetisch determiniert ist. Dabei gilt, dass je näher verwandt Menschen miteinander sind, desto ähnlicher ist der Eigengeruch. Dies ist die Basis für den Familiengeruch (Birbaumer und Schmidt 2006).

Gottfried und Dolan (2003) untersuchten in ihrer Studie die Verbindung von olfaktorischen und visuellen Reizen. Dabei fanden sie Kongruenz- und Inkongruenzeffekte. So wurden Düfte nicht nur signifikant besser erkannt, wenn Duft und Bild semantisch zusammenpassen (z. B. Vanille und Eiscreme), sondern auch die Reaktionszeit war in diesen Fällen beträchtlich kürzer. Österbauer et al. (2005) analysierten in ihrer Studie die Interaktion von Farben und olfaktorischen Reizen. Dabei stellten sie mit zunehmend wahrgenommener Kongruenz eine signifikante Steigerung der Aktivität in verschiedenen Gehirnarealen fest.

Die neurowissenschaftlichen Erkenntnisse zur multimodalen Reizverarbeitung sind für die Markenkommunikation mit Duftstoffen von besonderer Bedeutung. Es konnte nachgewiesen werden, dass eine semantische Verbindung zwischen den Reizen zu signifikant besseren Ergebnissen führt als wenn zwischen den Reizen kein Zusammenhang besteht.

Folglich muss im Rahmen der Markenkommunikation eine aufeinander abgestimmte Kommunikation mit unterschiedlichen Modalitäten bessere Ergebnisse erreichen als eine nicht abgestimmte. Außerdem können darüber hinaus aufeinander abgestimmte Reize zu einer Superaddition und dadurch zu einer deutlichen Effizienzsteigerung der Kommunikation führen.

Die Riechzellen, deren Anzahl sich von Mensch zu Mensch zwischen 10 und 100 Mio. bewegt, spielen eine entscheidende Rolle für die olfaktorische Wahrnehmung. Es handelt sich dabei um primäre Sinneszellen, d. h. sie nehmen sowohl die Kodierung der chemischen Reize als auch die Weiterleitung der Signale zum Zentralnervensystem vor. Die Riechzellen besitzen eine durchschnittliche Lebensdauer von zwei Monaten und werden stets aus den Basalzellen neu gebildet (Birbaumer und Schmidt 2006).

Die Duftstoffmoleküle, die wir durch die Atmung aufnehmen, müssen mit den rund 1000 verschiedenen Geruchsrezeptoren in Kontakt kommen, wobei es von jedem Typ dieser 1000 verschiedenen Sinneszellen etwa 10.000 gibt. Diese sind auf der Riechschleimhaut zu Gruppen gleicher Riechsinneszellen zusammengefasst. Treffen die

Duftstoffmoleküle auf die Riechschleimhaut und den entsprechenden Rezeptor, so wird eine Reihe von Reaktionen ausgelöst. Die Verarbeitung der Geruchsinformation erfolgt letztlich entweder im Cortex, dem Zentrum des menschlichen Bewusstseins, oder im limbischen System. Die Speicherung von Duftinformationen in unmittelbarer Nähe des limbischen Systems (Hypothalamus) ist verantwortlich für deren enge Beziehung zu unserer Gefühlswelt (Knoblich et al. 2003). Burdach (1988) weist darauf hin, dass kein anderes Sinnessystem eine so deutliche Beziehung zwischen dem Hormonstatus und der Wahrnehmungsschärfe eines Menschen aufweist.

Die Wahrnehmung olfaktorischer Reize hängt von verschiedenen Parametern ab. In diesem Kontext wird zwischen der Reizintensität (Reizstärke), der Reizart und der Reizdauer unterschieden.

Bei der Reizintensität differenziert man zwischen absoluter Reizschwelle, Wahrnehmungs- oder auch Unterschiedsschwelle und Erkennungsschwelle. Die absolute Reizschwelle (Geruchsschwelle) ist jene minimale Reizintensität, bei der ein olfaktorischer Reiz gerade wahrgenommen wird. Sie liegt in der Konzentration eines Duftstoffes, von der an der Duft vom Menschen wahrgenommen werden kann und ist von Duftstoff zu Duftstoff verschieden. Die Wahrnehmungsschwelle beschreibt den Wert, ab welchem eine Person einen Unterschied in der Reizkonzentration feststellen kann und wird von der Sättigungsschwelle begleitet. Ab einer bestimmten Konzentration ergibt eine Steigerung der Konzentration keine Veränderung der Empfindung mehr. Die Erkennungsschwelle gibt an, ab wann ein Reiz identifiziert wird. Sie wird erst oberhalb der absoluten Wahrnehmungsschwelle erreicht (Rempel 2006).

Die Riechschärfe gibt die Sensibilität für Duftstoffe an und beeinflusst Wahrnehmung, Identifikation und Diskriminierung von Duftstoffen. Sie wird von zahlreichen intraindividuellen (z. B. Geschlecht, Alter, Gesundheitszustand und Hormonhaushalt) und interindividuellen Faktoren beeinflusst. Bei Letzteren geht man von einer genetischen Veranlagung aus, obwohl durch Training eine größere Sensibilität erzielt werden kann. Die Riechschärfe ist nicht zu verwechseln mit der Geruchsfeinheit. Letztere umfasst das Vermögen, kleine Geruchsunterschiede wahrnehmen zu können. Die beiden Ausdrücke werden oftmals miteinander verwechselt, da auch meistens die Schärfe mit der Feinheit zusammenfällt.

Der Geruchssinn (wie auch der Geschmackssinn) reagiert auf chemische Substanzen aus der Umwelt. Somit unterscheidet sich die Reizart von den anderen Sinnesmodalitäten, die auf elektromagnetische oder mechanische Reize reagieren. Wie bei anderen Sinnen kann es auch beim Geruchssinn Rezeptorfehler geben. Diese Unfähigkeit, einen bestimmten Duftstoff wahrzunehmen, nennt man Anosmie. Sie kann sich als Partial- und Total-Anosmie äußern. Da Düfte fast ausschließlich Gemische sind, ergibt sich das Problem, dass durch die Geruchsblindheit für einen Duftstoff eine ganze Reihe von Düften anders wahrgenommen wird als bei normalem Riechvermögen.

Die Reizdauer umfasst die Begriffe Adaptation, Deadaptation, Kreuzadaptation, Faciliation und Habitualisierung. Wird das olfaktorische System eines Menschen über einen gewissen Zeitraum einem Duftreiz von gleichbleibender Konzentration ausgesetzt, führt dies zur Adaptation. Diese ist abhängig von der Dauer der Darbietung und der Intensität des Reizes. Diese Sensibilitätsverminderung kann soweit führen, dass bei schwachen Reizen der Duft überhaupt nicht mehr wahrgenommen wird. Die Adaptation ist nur ein vorübergehendes Phänomen, denn nachdem die Person dem Duftreiz nicht mehr ausgesetzt ist, kommt es zur Wiederherstellung der ursprünglichen Sensibilität für den Duftstoff. Dieser Vorgang wird Deadaptation genannt. Eine Sensibilitätsverminderung für einen Duft kann dabei auch zu einer Reduktion (Kreuzadaption) als auch zu einer Erhöhung (Faciliation) der Empfindungsintensität anderer Duftstoffe führen. Es kann auch zu einer Habitualisierung, also zur „Gewöhnung" an bestimmte Düfte kommen. Diese entsteht durch häufigen Kontakt mit einem bestimmten olfaktorischen Reiz.

Im Rahmen multisensorischen Marketings ist beim Einsatz von Duft jedoch darauf zu achten, dass der Markenduft durch die unbewusste Aktivierung des Konsumenten die Aufmerksamkeit auf die Marke lenkt, denn die Duftwahrnehmung kann insbesondere von visuellen oder verbalen Reizen beeinflusst werden. Das Erfolgspotenzial liegt im Einsatz eines Markenduftes, der aus dem Verwendungszusammenhang der Markenprodukte bereits bekannt und daher markenaffin ist. Er sollte von möglichst vielen Konsumenten aus der Zielgruppe als angenehm empfunden werden, mit wenig negativen Assoziationen behaftet sein und autobiografische Erinnerungen an zurückliegende emotionale Ereignisse wecken. Wird der Duft mit emotionalen Markenerlebnissen assoziiert, dient er als wirksamer Gedächtnisanker, der diese positiven Markenerlebnisse auch nach längerer Zeit wieder in Erinnerung rufen kann (Hehn 2006).

2.3.4 Die Zunge

Unter Geschmack, auch als Gustatorik oder gustatorische Wahrnehmung bezeichnet, versteht man in einer ganzheitlichen Betrachtungsweise alle Empfindungen, die über orale Reize während der Nahrungsaufnahme entstehen. Besonders interessant ist das gemeinsame Empfinden von Geruch und Geschmack, wobei man in diesem Zusammenhang auch von der sogenannten retronasalen Aromawahrnehmung spricht. Dieses Zusammenspiel von Geruch und Geschmack lässt sich daran beobachten, wie sich der Geschmack einer Speise verändert, wenn man sich bei ihrem Verzehr die Nase zuhält und damit die olfaktorische Wahrnehmung ausschließt. Dadurch wird der Geschmack der Speise auf die vier Geschmacksqualitäten reduziert und häufig als fade empfunden (Knoblich et al. 2003).

Ein wichtiges Differenzierungsmerkmal ist, dass die Geschmackssensoren ausschließlich auf der Zunge liegen, während das Geruchsepithel im Nasen- und Rachenraum angesiedelt ist. Die Abgrenzung des Geschmacks vom Geruch erfolgt dahin, dass es nur fünf Geschmacksqualitäten gibt, die in der Wissenschaft anerkannt sind, nämlich süß, salzig, bitter, sauer und umami. Neben den Grundqualitäten unterscheidet man noch zwei Nebenqualitäten, nämlich alkalisch (oder auch seifig) und metallisch.

Beim Geruch hingegen können tausende verschiedene Duftstoffe unterschieden werden. Da unser Geruchssinn rund 10.000 Mal sensitiver reagiert als unser Geschmackssinn, nehmen wir mehr Geschmackswahrnehmungen über die Nase auf als über den Mund. An der

Entstehung von Geschmackseindrücken sind nicht nur die Geschmacksknospen der Zunge beteiligt, sondern alle fünf Sinne. Ob uns etwas gut schmeckt oder nicht, wird zum einen genetisch bestimmt und zum anderen durch den physiologischen Zustand (Entbehrung, Lernen) beeinflusst.

Auch das Gehör ist mittelbar an der Geschmackswahrnehmung beteiligt, da es etwa beim Zermalmen von spröden, knusprigen Objekten, wie beispielsweise Keksen, Informationen zum Geschmack beisteuert, die den sensorischen Gesamteindruck von Nahrungsmitteln mitprägen können. Die Kontaktaufnahme mit einem Objekt erfolgt für den Geschmackssinn als auch für die Haptik freiwillig und somit willentlich. Hingegen sehen, hören oder riechen wir Objekte häufig auch unfreiwillig bzw. passiv, da wir die drei letztgenannten Sinne nicht bzw. nur temporär „ausschalten" können, ohne unser Verhalten nachhaltig zu beeinträchtigen.

Drei Funktionen des Geschmackssinns sind hervorzuheben. Zum einen wird über den Geschmack die Nahrung auf Verträglichkeit geprüft. Die zweite Funktion beinhaltet die antizipatorische und reflektorische Aktivierung der Verdauungsdrüsen. Drittens hat der Geschmack eine besondere psycho-physiologische Funktion als primärer positiver Verstärker oder als primärer Bestrafungsreiz. Geschmacksaversionen und -vorlieben sind häufig durch Lernen erworben.

Mit der Zunge nehmen wir die Geschmacksrichtungen süß, sauer, salzig und bitter wahr. Dazu dienen vier Arten von Papillen (Faden-, Blätter-, Pilz- und Wallpapillen) mit insgesamt 9000 Geschmacksknospen, die jeweils 30 bis 80 Rezeptorzellen enthalten und sich auf dem Zungenrücken befinden.

Die Rezeptorzellen sind dafür verantwortlich, Geschmack in elektrische Impulse umzuwandeln und diese an die Enden von sensorischen Nervenfasern im Zungenkörper weiterzuleiten. Während vornehmlich die Zungenspitze den Geschmack „süß" wahrnimmt, werden „salzig" und „sauer" von den Zungenrändern und „bitter" vom hinteren Teil der Zunge geschmeckt. Mittlerweile ist bekannt, dass jeder Bereich der Zunge alle Geschmacksrichtungen wahrnimmt, jedoch mit unterschiedlicher Intensität.

Der gustatorische Reiz wirkt häufig im Zusammenspiel mit anderen Reizen, wie beispielsweise der Farbwahrnehmung. DuBose et al. (1980) konnten in einem Geschmackstest feststellen, dass Farbe einen bedeutenden Einfluss auf die Geschmacksempfindung hat. So wurde von Probanden beispielsweise Kirschsaft, der nicht der ursprünglichen Farbe entsprach, nicht mehr als solcher geschmacklich erkannt.

Grundsätzlich verbinden Konsumenten einen bestimmten Geschmack (und Geruch) mit einer spezifischen Farbe. Einer Studie von Garber et al. (2000) zufolge dominiert die Farbgebung bei Orangensaftgetränken die Beschriftung und das Geschmacksempfinden.

Eine Reihe von Studien hat belegen können, dass neben dem Einfluss von Farbe und Geschmacksbezeichnung auf die Geschmackswahrnehmung auch Textur, Temperatur und Klang Einfluss auf unsere Wahrnehmung nehmen. So nehmen wir häufig gustatorische Reize in Verbindung mit akustischer Wahrnehmung auf, beispielsweise wenn wir in einen Keks beißen. Neben der Geschmacksqualität und der Intensität sind auch die Konsistenz, die chemosensorische Qualität und der gefühlorientierte hedonische Wert eines Produktes, der als Wohlgefühl oder Ekel wahrgenommen wird, von Bedeutung.

In einer Studie (2008) der Universität Kopenhagen konnte bei 8900 Kindern ab dem Grundschulalter nachgewiesen werden, dass Mädchen einen deutlich feineren Geschmackssinn besitzen als Jungen. Mädchen können bei Lebensmitteln sowohl süße als auch saure Nuancen besser erkennen als gleichaltrige Jungen. Die Studie zeigt auch, dass sich der Geschmackssinn bei Kindern mit steigendem Alter verfeinert.

2.4 Integration der Sinnessysteme

Das Zusammenwirken aller Sinnessysteme impliziert eine Integration. Unter der sensorischen Integration versteht man die sinnvolle Ordnung und Aufgliederung von Sinneserregung, um diese nutzen zu können. Die Sinne wirken bereits bei einfachen Wahrnehmungsprozessen zusammen, um aus den einzelnen Sinneseindrücken ein vollständiges und umfassendes Ganzes zu schaffen. Eine gedankliche Informationsverarbeitung von aufgenommenen Umweltreizen kann dabei nicht ohne aktivierende Vorgänge in Form von Emotionen, Motivationen und Einstellungen stattfinden.

Die Komplexität innerhalb des Ablaufes der Wahrnehmung von Sinnesreizen ergibt sich aus der Zusammensetzung physikalischer, physiologischer und psychologischer Komponenten. Man unterscheidet dabei drei Abschnitte, nämlich Rezeption, Transmission und Perzeption. Zunächst werden im physikalischen Abschnitt Informationen in Form von Sinnesreizen bzw. Rezeptoren von den Sinnesorganen aufgenommen, verstärkt und kodiert (Rezeption). Im zweiten (physiologischen) Abschnitt werden die Informationen an die nachgeschalteten Nervenzellen weitergegeben, die durch die synaptische Übertragung erregt werden (Transmission). Letztlich werden im psychologischen Abschnitt die Informationen im Gehirn verarbeitet und beantwortet, indem sie mit Vorinformationen, Erfahrungen und Erwartungen verknüpft werden (Perzeption). Die Aktivität, Subjektivität und Selektivität spielen eine bedeutende Rolle dabei, nach welchen individuellen Kriterien die ausgewählten Informationen verarbeitet werden. Schließlich entsteht ein sensualer Gesamteindruck, der durch die Verknüpfung und Bewertung der über die verschiedenen Sinnesorgane aufgenommenen Reize gebildet wird.

Durch die parallele Aufnahme über mehrere Sinneskanäle kann die Wahrscheinlichkeit erhöht werden, eine empfangene Information auf ihren Wahrheitsgehalt zu überprüfen und sich ex post besser daran zu erinnern. Dabei können Nervenzellen im Gehirn bis zu zwölfmal stärker feuern, wenn sie über mehrere Sinne mit gleichen Bedeutungen angesprochen werden (Salzmann 2007).

Beim Menschen wurde nachgewiesen, dass die multisensorische Integration von Reizen im Orbitofrontal Cortex stattfindet. Wie der Mechanismus genau funktioniert, ist bis heute nicht geklärt. Es gelten dabei die folgenden Regeln:

- Treffen zwei oder mehr sensorische Reize zum gleichen Zeitpunkt am selben Ort zusammen, kommt es zu einer messbaren Veränderung in der Feuerungsrate der multisensorischen Neuronen. Wenn die Reize einzeln dargeboten werden, so ergibt sich keine Veränderung in den Neuronen.

- Multisensorische Reize verleihen den sensorischen Erlebnissen eine gewisse Tiefe und Komplexität. Außerdem werden die Schnelligkeit und die Genauigkeit der Beurteilung einzelner Erlebnisse in einem Maße verbessert, die bei einzelnen Kanälen so nicht erreicht werden würde.
- Die Summe der Aktivitäten der Neuronen kann weitaus größer sein als die Aktivität bei der Darbietung der einzelnen Reize (Superadditivität), wobei jedoch hierfür die sensorischen Reize in räumlicher und zeitlicher Nähe zueinanderstehen müssen. Ist dies nicht der Fall, so kann es auch zu einer Verringerung der Aktivität kommen (Subadditivität).

Während des Wahrnehmungsprozesses nehmen die Sinnesorgane Informationen über weitgehend unabhängige Sinneskanäle auf, um sie anschließend zu einem ganzheitlichen Bild zusammenzufügen. Bei einem Kauf eines Apfels, werden bei der Wahrnehmung nicht nur Preis, Farbe, Form und Größe berücksichtigt, sondern auch der Geruch, die Härte und die gefühlte Oberflächenstruktur des Apfels. Da rund 70 bis 80 % aller Entscheidungen aufgrund gespeicherter Reiz-Reaktionsmuster unbewusst ablaufen, ist eine gezielte Nutzung möglichst aller fünf Sinneskanäle erstrebenswert.

Multisensorisches Marketing ermöglicht –die richtige Umsetzung vorausgesetzt – eine einzigartige Wahrnehmung und dauerhafte Präferenz der Produkte oder Dienstleistungen eines Unternehmens. Multisensorisches Marketing bietet vielversprechende Möglichkeiten, Konsumenten bei höherer Zahlungsbereitschaft und stetiger Nachfrage langfristig und mit allen Sinnen an eine Marke zu binden.

In der Studie „5-Sense-Branding“ von MetaDesign und diffferent (2007) zur multisensorischen Markenführung wurde untersucht, inwieweit sich Markenwerte über jeden unserer fünf Sinne differenziert wahrnehmen lassen. Dabei hat sich bestätigt, dass die Ansprache des Konsumenten auf mehreren Sinnesebenen zu einer höheren Erlebnisqualität und Wahrnehmungsintensität und damit zu einer höheren Markenbindung beiträgt (Pechmann und Brekenfeld 2007).

Lindstrom konnte bereits in seiner BRAND sense Studie (2005) nachweisen, dass sowohl die Markenbindung als auch die wahrgenommene

Wertigkeit einer Marke durch multisensorische Markenkommunikation erhöht werden können. Mit jedem zusätzlich genutzten Sinneskanal nimmt die Anzahl der sinnlich aktivierten Erinnerungen weiter zu. Folglich können durch multisensorische Markenkommunikation mehr sinnliche Erinnerungen aktiviert werden, die wiederum zu einer größeren Bindung zwischen Marke und Konsument führen.

Während haptische und gustatorische Empfindungen eine aktive, durch den Konsumenten gewollte Wahrnehmung voraussetzen, erfolgt die olfaktorische, visuelle und akustische Wahrnehmung meist eher passiv und somit mehr oder weniger unfreiwillig.

Aufgrund des weiter steigenden Differenzierungsdrucks werden Unternehmen in Zukunft der multisensorischen Markenkommunikation verstärkte Aufmerksamkeit widmen, da Menschen ihre Umgebung mit allen fünf Sinnen wahrnehmen und folglich ihre Entscheidungen auf Basis ihrer multisensorischen Wahrnehmung treffen. Die verschiedenen Sinneseindrücke lösen unterschiedliche Assoziationen aus und sprechen unterschiedliche Werte an, die letztlich zum Kauf führen können.

Ihr Transfer in die Praxis

- Nutzen Sie in Ihrem privaten bzw. beruflichen Umfeld bestimmte Sinnesorgane mehr als andere?
- Bevorzugen Sie einen bestimmten Sinn, wenn Sie einkaufen gehen?
- Kennen Sie Produkte oder Dienstleistungen, die mit einer besonderen Haptik vermarktet werden?
- Haben Sie eine Präferenz für ein bestimmtes Material, Oberfläche oder Konsistenz?

Literatur

Anderson, J. R. (2007): Kognitive Psychologie, 6. Aufl., Heidelberg: Spektrum.

Bartels, R./Bartels H./Jürgens, K. D. (2004): Physiologie: Lehrbuch der Funktionen des menschlichen Körpers, 7. Auflage, München: Elsevier.

Birbaumer, N./Schmidt, R.F. (2006): Biologische Psychologie, 6. Auflage, Berlin: Springer.

Braem, H. (1985): Die Macht der Farben. Bedeutung und Symbolik, 9. Auflage, München: Langen/Müller.

Bruner, G.C. (1990): Music, Mood and Marketing, in: Journal of Marketing, Vol. 54 (No. 4), S. 94–104.

Burdach, K. J. (1988): Geschmack und Geruch. Gustatorische, olfaktorische und trigeminale Wahrnehmung, Bern-Stuttgart-Toronto: Huber.

Chen, J.V./Ross, W.H./Yen, D.C. (2009): The Effect of Types of Banner Ad, Web Localization, and Customer Involvement on Internet Users' Attitudes, in: CyberPsychology & Behavior, Vol. 12, Nr. 1, S. 71 – 73.

Crook, M.N. (1957): Facsimile-generated analogues for instrumental form displays, in: Wulfeck, J.W./Taylor, J.H. [Hrsg.]: Form discrimination as related to military problems, Washington D.C.: The National Academies Press.

Cube, F. von (1970): Was ist Kybernetik? – Grundbegriffe, Methoden, Anwendungen, 3. Auflage, Bremen: Schünemann.

Ditzinger T. (2006): Illusionen des Sehens - Eine Reise in die Welt der visuellen Wahrnehmung, Heidelberg: Spektrum.

DuBose, C. N./Cardello, A. V./Maller, O. (1980): Effects of Colorants and Flavorants on Identification, Perceived Flavor Intensity, and Hedonic Quality of Fruit-Flavored Beverages and Cakes, in: Journal of Food Science, 45, S. 1393 - 1399.

Flückiger, B. (2001): Sound Design. Die virtuelle Klangwelt des Films, Marburg: Schüren.

Garber, L. L. Jr./Hyatt, E. M./Starr, R. G. (2000): The Effects of Food Color on Perceived Flavor, in: The Journal of Marketing Theory and Practice, 8, S. 59 - 72.

Gaver, W.W. (1988): Everyday listening and auditory icons, Dissertation, University of California, San Diego.

Gazzaley, A./Rosen, L. D. (2018): Das überforderte Gehirn. München: Redline.

Gibson, J. J. (1973): Die Sinne und der Prozess der Wahrnehmung, Bern [u.a.]: Huber.

Gottfried, J.A./Dolan, R.J. (2003): The Nose Smells What the Eye Sees: Crossmodal Visual Facilitation of Human Olfactory Perception, in: Neuron, Vol. 39, July, S. 375 - 386.

Guéguen, N., Jacob, C. (2006): The effect of tactile stimulation on the purchasing behaviour of consumers: An experimental studyin a natural

setting, in: International Journal of Management, Vol. 23, Nr. 1, S. 24 - 33.
Haverkamp, M. (2001): Synästhetische Wahrnehmung und Geräuschdesign, in: Becker, K. (Hrsg.): Subjektive Fahreindrückesichtbar machen II. Haus der Technik Fachbuch 12, Renningen-Malmsheim: Expert.
Hehn, P. (2006): Emotionale Markenführung mit Duft: Duftwirkungen auf die Wahrnehmung und Beurteilung von Marken, Göttingen-Rosdorf: Forschungsforum.
Heller, E. (2004): Wie Farben wirken. Farbpsychologie, Farbsymbolik, Kreative Farbgestaltung, Reinbek/Hamburg: Rowohlt.
Kesseler, H. (2004): Didaktische Strategien beim Wissenstransfer im Spannungsfeld von bildungsdidaktischen und kommunikationswissenschaftlichen Ansprüchen, München: Univ., Diss.
Kilian, K. (2007): Multisensuales Markendesign als Basis ganzheitlicher Markenkommunikation, in: Florack, A./Scarabis, M./Primosch, E. (Hrsg.): Psychologie der Markenführung, S. 323–356.
Knoblich, H./Scharf, A./Schubert, B. (2003): Marketing mit Duft, 4. Auflage, München: Oldenbourg.
Kroeber-Riel, W./Gröppel-Klein, A. (2019): Konsumentenverhalten (11. Aufl.). München: Vahlen.
Küthe, E./Küthe, F. (2003): Marketing mit Farben. Gelb wie der Frosch, Wiesbaden: Gabler.
Lindstrom, M. (2005): Brand Sense - Build Powerful Brands through Touch, Taste, Smell, Sight and Sound, New York: Free Press.
Linxweiler, R. (2004): Marken-Design: Marken entwickeln, Markenstrategien erfolgreich umsetzen, 2. Aufl., Wiesbaden: Gabler.
Lippert, H. (2003): Lehrbuch Anatomie, 6. Auflage, München: Elsevier.
Meyer, S. (2001): Produkthaptik: Messung, Gestaltung und Wirkung aus verhaltens-wissenschaftlicher Sicht, Wiesbaden: Gabler.
Möser, M. (2009): Technische Akustik, 8. Auflage, Berlin/Heidelberg: Springer.
Müller, H. J./Krummenacher, J./Schubert, T. (2015): Perzeptive selektive Aufmerksamkeit, in: Müller, H.J./ Krummenacher,J./Schubert, T. (Hrsg.): Aufmerksamkeit und Handlungssteuerung (S. 9–17). Berlin: Springer.
Österbauer, R.A./Matthews, P.M./Jenkinson, M./Beckmann, C.F./Hansen, P.C. (2005): Color of Scents: Chromatic Stimuli Modulate Odor Responses in the Human Brain, in: Journal of Neurophysiology, Vol. 93, S. 3434 - 3441.

Pechmann, J./Brekenfeld, A. (2007): 5-Sense-Branding - Multisensorische Markenführung: Eine explorative Grundlagenstudie mit Empfehlungen für die Praxis, durchgeführt von MetaDesign und diffferent.

Rempel, J. E. (2006): Olfaktorische Reize in der Markenkommunikation, Theoretische Grundlagen und empirische Erkenntnisse zum Einsatz von Düften, Wiesbaden: Gabler.

Roederer, J.G. (2000): Physikalische und psychoakustische Grundlagen der Musik, 3. Aufl., Berlin et al.: Springer.

Salzmann, R. (2007): Multimodale Erlebnisvermittlung am Point of Sale: Eine verhaltens-wissenschaftliche Analyse unter besonderer Berücksichtigung der Wirkungen von Musik und Duft, Wiesbaden: Gabler.

Scharf, A. (2000): Sensorische Produktforschung im Innovationsprozess, Stuttgart: Schäffer-Poeschel.

Spitzer, M. (2002): Musik im Kopf, Stuttgart: Schattauer.

Springer, C. (2008): Multisensuale Markenführung: eine Analyse unter besonderer Berücksichtigung von Brand Lands in der Automobilwirtschaft, Wiesbaden: Gabler.

3 Markenrecht – Die haptische Marke

Was Sie aus diesem Kapitel mitnehmen

- Welche Markenformen im Markenregister des Deutschen Patent und Markenamts (DPMA) unterschieden werden.
- Welche Markenformen in Europa am häufigsten eingetragen werden.
- In welchem Amt eine Marke nationalen, europäischen und internationalen Markenschutz erlangen kann.
- Welche Änderungen sich für die Eintragung von Marken durch das in 2019 in Kraft getretene Markenrechtsmodernisierungsgesetz (MaMoG) ergeben.
- Wie lang die Schutzdauer einer eingetragenen Marke ist.
- Welche Marke als haptische Marke angemeldet und eingetragen wurde.

Das Markenrecht ist ein Teilgebiet des sogenannten Kennzeichenrechts, das neben dem Markenrecht auch den Schutz von Namen und Firmenkennzeichen oder den Schutz von Werktiteln umfasst. Als rechtliche Grundlage wird für dieses Kapitel das deutsche (Marken)Recht herangezogen. In Deutschland enthält das Markengesetz (MarkenG) gemäß § 3 Abs1 MarkenG folgende Definition:

P. Steiner, *Quick Guide Haptisches Marketing*, Quick Guide,
https://doi.org/10.1007/978-3-658-41966-0_3

Als Marke können alle Zeichen, insbesondere Wörter einschließlich Personennamen, Abbildungen, Buchstaben, Zahlen, Klänge, dreidimensionale Gestaltungen einschließlich der Form einer Ware oder ihrer Verpackung sowie sonstige Aufmachungen einschließlich Farben und Farbzusammenstellungen geschützt werden, die geeignet sind, Waren oder Dienstleistungen eines Unternehmens von denjenigen anderer Unternehmen zu unterscheiden. (MarkenG).

Während die Marke dem Konsumenten als Kennzeichnung von Waren und Dienstleistungen eines Unternehmens dient, stellt sie für Unternehmen im geschäftlichen Verkehr ein Abgrenzungsmittel gegenüber anderen dar. Marken können für Qualität stehen, gehören ebenso wie Patente zum geistigen Eigentum eines Unternehmens und stellen letztlich einen Vermögenswert dar. Rechtlich gesehen ist die Marke ein territorial begrenztes, selbstständiges Vermögensrecht. Sie lässt sich durch ihre Registrierung leichter gegen Nachahmende verteidigen, die unberechtigt an Ihrem Erfolg teilhaben wollen.

Die Komplexität der markenrechtlichen Schutzfähigkeit führt dazu, dass die miteinander verwobenen multisensorischen Markeneindrücke nicht oder nur unter unverhältnismäßig hohem Aufwand vom Wettbewerb imitiert werden können. Grundsätzlich unterscheidet man in diesem Zusammenhang zwischen Markenpiraterie, Produktpiraterie und dem sogenannten Counterfeiting. Während Markenpiraterie eine Nachahmung des Markennamens voraussetzt, der in weiterer Folge für gleichartige Waren eingesetzt wird (Beispiel: Lacoste-Krokodil auf Handschuhen), handelt es sich bei Produktpiraterie um eine Nachahmung des Produktes, welches mit einem fremden Markenzeichen versehen wird (Beispiel: Ritter-Sport-Verpackung wird imitiert). Beim Counterfeiting werden die vorangegangenen Nachahmungen kombiniert (Beispiel: Das imitierte Lacoste-Krokodil wird auf T-Shirts eingesetzt) (Esch und Geus 2005). Aufgrund des wachsenden Konkurrenzkampfes sowie der zunehmenden Intensität der Markenpiraterie hat der rechtliche Schutz von Marken und Markenzeichen stark an Bedeutung gewonnen. Die Aufgabe des Markenschutzes besteht darin, alle schutzfähigen Brand Icons (Name, Logo, markenspezifische Melodien etc.) vor dem Zugriff und Missbrauch durch die Konkurrenz rechtlich abzusichern, um einer Erosion des Markenwertes vorzubeugen. Bevor man seine Marke anmeldet, sollten jedoch grundsätzliche Fragen zu Schutzmöglichkeiten, Kollisionsgefahr, Recherche, Verfahren, Kosten oder Auslandsschutz geklärt werden.

Grundsätzlich kann eine Marke nationalen, europäischen und internationalen Markenschutz erlangen. So kann eine Marke nicht nur als nationale Marke beim DPMA (nationaler Schutz) eingetragen werden, sondern auch als Unionsmarke beim Amt der Europäischen Union für geistiges Eigentum (EUIPO) in Alicante (Spanien), wodurch die Marke in allen 27 Mitgliedstaaten der Europäischen Union (EU) geschützt ist (europäischer Schutz). Die Unionsmarke ist für diejenigen von Vorteil, die länderübergreifend im europäischen Raum tätig sein wollen. Außerdem besteht die Möglichkeit, eine Marke nach der Bestimmung des Madrider Markenabkommens (MMA) bei der World Intellectual Property Organization (WIPO) in Genf als internationale Marke anzumelden (internationaler Schutz). Dieser Schutz kann bis zu 80 Länder umfassen.

Die Schutzdauer einer eingetragenen Marke beginnt mit dem Anmeldetag und hat sowohl in Deutschland, Österreich und der Schweiz, als auch beim EUIPO und der WIPO eine Gültigkeit von 10 Jahren. Da die Schutzdauer von Marken immer wieder um 10 Jahre verlängert werden kann, ist eine (Haptik)Marke unbegrenzt verlängerbar und kann sozusagen ewig existieren. Wird eine Marke jedoch nach der Eintragung innerhalb eines Zeitraumes von fünf Jahren nicht benutzt, so kann es auf Antrag wegen Verfalls zu einer Löschung der Marke aus dem Markenregister kommen. Außerdem kann die Eintragung der Marke auf Antrag wegen Nichtigkeit aufgrund absoluter Schutzhindernisse gelöscht werden.

Der Markeninhaber erwirbt mit der Eintragung in das Markenregister das alleinige Recht, die Marke für die geschützten Waren und/ oder Dienstleistungen zu benutzen. Der Inhaber der Marke besitzt die Befugnis, seine Marke zu verkaufen, andere Marken zu kaufen oder ein Nutzungsrecht an seiner Marke einzuräumen (Markenlizenz). Bei Verletzung seines Markenrechts stehen dem Inhaber der Marke Unterlassungsansprüche bzw. Schadensersatzansprüche zu.

Am 14.01.2019 trat das Markenrechtsmodernisierungsgesetz (MaMoG) und damit die Novellierung des Markengesetzes (MarkenG) in Kraft. Das Gesetz setzte die EU-Markenrechtsrichtlinie 2015/ 2436 vom 16. Dezember 2015 in nationales Recht um und führte unter anderem zu Änderungen im Markengesetz und in der Markenverordnung (Markenrechtsmodernisierungsgesetz).

Eine bedeutsame Änderung ist der Wegfall der grafischen Darstellbarkeit. Mussten Registermarken bis dahin grafisch darstellbar sein, genügt es nun, dass sie eindeutig und klar bestimmbar sind. Diese Änderung trägt den Bedürfnissen des Marktes nach modernen Markenformen Rechnung und orientiert sich an den technischen Möglichkeiten zur Darstellung einer Marke im elektronischen Register.

Die Gesetzesänderung ist Teil einer umfassenden europäischen Markenrechtsreform, die die Koexistenz der verschiedenen Markensysteme innerhalb der EU fördern und ein kohärentes System von nationalen und unionsweiten Markenrechten erreichen soll. Ein weiteres Ziel des Gesetzes ist die effektive Bekämpfung der wachsenden Produktpiraterie. Die Grundtendenz des MaMoG ist klar auf die Stärkung der Rechte des Markeninhabers ausgerichtet.

Markenformen bestimmen die unterschiedlichen Wirkungsarten von Marken als Kommunikationszeichen auf die menschlichen Sinnesorgane. Marken können sowohl den visuellen, den auditiven, den olfaktorischen, den gustatorischen als auch den haptischen Sinn ansprechen. Dabei besitzen die eintragungsfähigen Marken sehr unterschiedliche Formen.

Derzeit (Stand: Mai 2023) werden im Markenregister des DPMA folgende Markenformen unterschieden: Wortmarke, Bildmarke, Wort-/Bildmarke, Farbmarke, Hörmarke, Klangmarke, Dreidimensionale Marke (insbesondere Warenverpackungen), Kennfadenmarke, Positionsmarke, Mustermarke, Bewegungsmarke, Multimediamarke, Hologrammmarke und Sonstige Marke. Die folgende Liste fasst die Markenformen zusammen:

Markenformen des DPMA

Wortmarke	Bildmarke
Wort-/Bildmarke	Farbmarke
Hörmarke (alt)	Klangmarke (neu)
Dreidimensionale Marke	Kennfadenmarke
Positionsmarke	Mustermarke
Bewegungsmarke	Multimediamarke
Hologrammmarke	Sonstige Marke

Analysiert man die Anzahl der Registrierungen der unterschiedlich klassifizierten Markenformen in Deutschland, Österreich, der Schweiz und im EUIPO, so kann festgehalten werden, dass Wortmarken, Wort-/Bildmarken und Bildmarken mit Abstand den größten Anteil daran ausmachen. Somit sprechen die eingetragenen Markenformen überwiegend den visuellen Sinn an. Die restlichen Markenformen spielen im Vergleich (noch) eine untergeordnete Rolle, wobei auf 3D-Marken, Klangmarken und Farbmarken die meisten Eintragungen entfallen. Markenformen, die den Geruchssinn oder Geschmackssinn ansprechen, können derzeit nur als „Sonstige Marke" in das Markenregister eingetragen werden.

Haptische Marken werden hauptsächlich als Dreidimensionale Marke angemeldet und registriert. Bekannte Marken, die im DPMA als Dreidimensionale Marke eingetragen wurden, sind u. a. Ritter Sport (Tafelschokolade), Schwan-Stabilo (Farbstifte) und Philips (Elektrischer Rasierapparat). Bislang wurden rund 2000 Dreidimensionale Marken im Markenregister des DMPA angemeldet bzw. eingetragen. Da das MaMoG keine grafische Darstellbarkeit der einzutragenden Marken voraussetzt, können haptische Marken auch als „Sonstige Marke" in das Markenregister eingetragen werden.

Das Markenrecht befindet sich in ständiger Entwicklung und wird durch Markenanmeldungen und durch Gerichtsentscheidungen laufend verändert und angepasst. Markeninhaber haben in den letzten Jahren große Anstrengungen unternommen, um ihre innovativen Markenformen in das Markenregister eintragen zu lassen. Diese Anmeldungen bzw. Registrierungen neuer Markenformen als auch das in 2019 in Kraft getretene MaMoG lassen erwarten, dass auch in Zukunft neue Markenformen zur Eintragung zugelassen werden und so den Bedürfnissen des Marktes nach modernen Markenformen Rechnung getragen wird. Der Wegfall der vormals notwendigen grafischen Darstellbarkeit von Markenformen erleichtert die Markenanmeldungen und orientiert sich an den technischen Möglichkeiten der Darstellung einer Marke im elektronischen Register.

Ihr Transfer in die Praxis

- Prüfen Sie, ob und wie Sie Ihre (Haptik)Marke(n) im DPMA bzw. in anderen Markenämtern registrieren lassen können.
- Nutzen Sie die Datenbank des DPMA und anderer europäischer Markenregister, um etwaige Marken von Wettbewerbern zu analysieren.
- Sehen Sie sich im DPMA die Einträge zu „Dreidimensionale Marke" und „Sonstige Marke" an, um mögliche Registrierungen von innovativen Markenformen bzw. Haptischen Marken zu analysieren.

Literatur

Esch, F.-R./Geus, P. (2005): Ansätze zur Messung des Markenwertes, in: Esch, F.-R. [Hrsg.]: Moderne Markenführung. Grundlagen. Innovative Ansätze. Praktische Umsetzungen, 4. Auflage, Wiesbaden: Gabler, S. 1263–1306.

Markengesetz, URL: https://www.gesetze-im-internet.de/markeng/__3.html. Zugegriffen: 29. April 2021.

Markenrechtsmodernisierungsgesetz (MaMoG) trat am 14.01.2019 in Kraft. URL: https://www.haufe.de/recht/weitererechtsgebiete/wirtschaftsrecht/markenrechtsmodernisierungsgesetz-tritt-am-1412019-in-kraft_210_481612.html. Zugegriffen: 29. April 2021.

4

Haptisches Marketing

Was Sie aus diesem Kapitel mitnehmen

- Welchen Einfluss Haptik auf die Markenwahrnehmung hat.
- Welche Priorität die Haptik für Kaufentscheidungen hat.
- Erfolgsfaktoren und Risiken haptischer Markenführung.

Der Erfolg einer Marke ist stark von einer kontinuierlichen Markenführung, insbesondere einer kontinuierlichen Kommunikationsstrategie abhängig. Um für den Kunden interessant und begehrenswert zu bleiben und sich dauerhaft auf dem Markt behaupten zu können, bedarf es einer Markenführung, die sich im Lauf der Zeit weiterentwickelt und hinsichtlich technischer und gesellschaftlicher Entwicklungen modernisiert wird. Eine starke Marke muss nicht nur dynamisch geführt werden, sondern muss vielmehr Entwicklungsprozesse vorausahnen, um sich frühzeitig durch innovative Lösungen von der Konkurrenz abzusetzen.

Um sich im zunehmenden Wettbewerb in stagnierenden und gesättigten Märkten gegen die Konkurrenz behaupten zu können, werden

P. Steiner, *Quick Guide Haptisches Marketing*, Quick Guide,
https://doi.org/10.1007/978-3-658-41966-0_4

für Unternehmen vor allem Konzepte, die eine Kundenbindung und Kundenrückgewinnung in den Vordergrund stellen, immer bedeutender. Dabei sind zweiseitige Kommunikationsprozesse im Sinne von Dialogen gefragt, um langfristige Beziehungen zwischen Unternehmen und Kunden aufbauen zu können. Eine besonders hohe Wirkung erzielen Dialoge, wenn die Informationen multisensorisch vermittelt und von der Zielgruppe aufgenommen werden.

Der Begriff Multisensorik, teilweise auch Multisensualität bezeichnet, umfasst die Ansprache der relevanten Zielgruppe im Rahmen der Markenkommunikation über mehrere menschliche Sinne. Zu den für das Marketing relevanten Sinnen zählen Gesichts- (Optik), Gehör- (Akustik), Geruchs- (Olfaktorik), Geschmacks- (Gustatorik) und Tastsinn (Haptik). Grundlegend ist dabei die Annahme, dass die Wirkung der kognitiven Verarbeitung eingehender Reize umso höher ist, je mehr Reizmodalitäten gleichzeitig und ganzheitlich eingesetzt werden.

Unter dem Begriff Multisensorische Markenführung versteht man den umfassenden Prozess zur ganzheitlichen Sinnesansprache in der Markenkommunikation. Die multisensorische Markenführung besteht entsprechend des entscheidungsorientierten Führungsverständnisses des Marketings aus einer strategischen Markenführungsphase (Situationsanalyse, Ziel- und Strategiedefinition), einer operativen Markenführungsphase (Umsetzung, zielbezogene Verwendung von mono-, duo- und multisensualen Kombinationen von Kommunikationselementen) sowie einer Markencontrollingphase (Effektivitätskontrolle durch GAP- und Wirkungsanalysen, Übersetzung relevanter Sinneseindrücke in eine ganzheitliche Sinnesansprache zur Vermittlung der Markenidentität an die relevante Zielgruppe).

Diese Arbeit folgt dem allgemeinen Begriffsverständnis von Fösken (2006), wonach die Multisensorik im Rahmen der Markenkommunikation als Ansprache der relevanten internen und externen Zielgruppe über gleichzeitig mehrere bzw. mindestens drei Sinne definiert werden kann.

Für eine optimale Markenführung muss die Marke möglichst über alle Sinne erlebbar gemacht werden. Dabei ist darauf zu achten, dass alle Sinneseindrücke dasselbe Erlebnis vermitteln. Grundsätzlich gilt: Je mehr sensorische Berührungspunkte es zur Zielgruppe gibt, desto effektiver kann eine olfaktorische Markenkommunikation implementiert werden. Zur Erleichterung der Verarbeitung von multisensorischen Reizen sollten diese aufeinander abgestimmt sein. Dies beinhaltet die inhaltliche und formale Abstimmung aller Kommunikationsmaßnahmen, um die erzeugten Kommunikationseindrücke zu vereinheitlichen und zu verstärken.

Multisensorische Markenführung gilt als Erfolgskonzept in einer überkommunizierten Gesellschaft. In der heutigen Zeit ist es notwendig, Kunden multisensorisch anzusprechen. Wenn Marken haptisch, d. h. spürbar gemacht werden, erhöhen sich die Chancen, eine Marke erfolgreich zu etablieren. Bei Produkten, die potenziell mit dem Körper der Kunden in Interaktion treten, dann bietet sich eine multisensorische Ansprache an. Die Ansätze der Marken werden stets komplexer, einfach gestrickte Muster haben ausgedient.

Die multisensorische Markenführung umfasst die integrierte Vermittlung von Markenerlebnissen und -bildern durch alle Kommunikationsinstrumente. Im Zuge dieser multisensorischen Ansprache des Konsumenten ergänzen sich die Sinnesorgane zu einem ganzheitlichen Erlebnis. Multisensorische Markenführung zeichnet sich dadurch aus, dass neue Produkte, Verpackungen bzw. Markenbilder wegen ihrer einzigartigen, innovativen Konzeption und ihrer multisensorischen Gestaltung besser wahrgenommen werden. So wäre denkbar, dass beispielsweise ein Duschgel mit Orangenduft die Verpackungstextur einer Orangenschale hat.

Die multisensorische Markenführung erhält seinen Sinn durch die simultane Übermittlung von Informationen bzw. die Mehrfachkodierung einer Information. Hierbei besitzen der Informations- und Kommunikationsprozess aus Wahrnehmung, Erkennung und Handlung, die auch für das visuelle Design zugrunde liegen, Geltung. Seit es den Handel gibt, werden Sinnesreize im Einzelhandel eingesetzt. Nicht nur durch die unterschiedlichen Waren, sondern auch von einer Vielzahl von Instrumenten werden unsere Sinne angesprochen, z. B. von der Ladengestaltung, vom Personal oder von der Verpackung der Produkte.

Um Produkte oder Marken multisensorisch zu gestalten, bedarf es einer ganzheitlichen Gestaltung, die nur von der Marke als Ganzes ausgehen kann. Eine isolierte gestalterische Betrachtung einzelner Elemente darf nicht verfolgt werden. Ein wichtiger Erfolgsfaktor ist dabei die Analyse der Wirkung des Einflusses von Einzelelementen (Farben, Formen, Materialien usw.) beim Konsumenten, soweit sie getrennt voneinander wahrgenommen und beurteilt werden.

Multisensorisches Marketing ist das stärkste Konzept zur Differenzierung der eigenen Marke und zugleich effektivste Variante, um eine ganzheitliche, intensive und einzigartige Markenerinnerung zu erreichen. Denn auch hier wirkt der Marken-Dreiklang: Bekanntheit-Sympathie-Kauf. Je intensiver und nachhaltiger die Markenwahrnehmung, desto höher die Markenerinnerung und damit letztlich die Kaufwahrscheinlichkeit. Das Geheimnis der multisensorischen Markenführung liegt darin, wenig, jedoch exakt das Richtige zu bieten. Verschiedene Sinne sollten einbezogen werden, um relevante Informationen zu bieten – bei gleichzeitiger Minimierung der Reizüberflutung. Zentraler Erfolgsfaktor ist, dass alle Sinne bewusst – aus dem Selbstverständnis der Marke heraus – eingesetzt werden.

Es ist zu prüfen, welche Möglichkeiten bestehen, im Rahmen des multisensorischen Marketings neben dem Seh- und Hörsinn auch andere Sinnesorgane anzusprechen. Hier gilt es, sowohl den Anlass, die Form als auch den Kontext zu berücksichtigen. In ausgewählten Bereichen kann es sicherlich ergänzende und unterstützende komplementäre Wirkungen geben. Im Einzelfall kann multisensorisches Marketing einen wichtigen Beitrag zur Emotionalität der Marke leisten.

Im Rahmen der multisensorischen Markenführung bildet das haptische Marketing einen Teilbereich.

Das Interesse am systematischen Einsatz von Haptik im Marketing steigt aufgrund zunehmender Erkenntnisse über das Wirkpotenzial von Haptik für Produktdesign, Markenkommunikation und Verkauf. Neben der klassischen Kommunikation (Above-the-Line-Werbeform), die überwiegend mit visuellen und akustischen Reizen die Sinne anspricht, bietet vor allem die Below-the-Line-Kommunikation (u. a. Verkaufsförderung am POS, Events, Sponsoring) die Möglichkeit zur (multisensorischen) Vermittlung von haptischen Markenerlebnissen.

Haptische Marken bezeichnen haptische Eigenschaftsdimensionen die einem Produkt oder einer Produktumgebung ohne visuelle Zusatzinformationen unmittelbar zugeordnet und damit assoziiert werden. Produktumgebungen sind alle kontextualen, funktionalen und gestalterischen Eigenschaften, die indirekt das Produkt und dessen Nutzung beeinflussen (z. B. Verpackung, Kompatibilität zu Produkten anderer Produktklassen, Haushaltsnutzung vs. Freizeitnutzung). Haptische Marken sind in der Regel modalitätsgebundene Eigenschaften, die unabhängig von anderen sensorischen Produktinformationen wirken. Im Ergebnis gilt eine haptische Marke als etabliert, wenn der Produktnutzer auch bei Unterbindung visueller, akustischer und gustatorischer Informationen das Produkt oder die Produktumgebung eindeutig zuordnen kann. Nach Grunwald sind haptische Marken Alleinstellungsmerkmale des Produktes und der Produktumgebung, die einen unmittelbaren Marktvorteil gegenüber anderen Produkten der gleichen Klasse darstellen. „Innerhalb der Hierarchie der Sinne haben diejenigen Marken einen besonderen Vorteil, die körperliche, d. h. haptische Informationen transportieren können", so Grunwald (2023). Als Haptisches Marketing wird der Gesamtprozess bezeichnet, um ein Produkt oder eine Produktumgebung als haptische Marke zu etablieren,

4.1 Der Einfluss der Haptik auf die Markenwahrnehmung

Die multisensorische Gestaltung von Produkten und Verpackungen gewinnt zunehmend an Bedeutung. Sie wirkt sich nicht nur auf das Gefallen der Marke und deren Beurteilung aus, sondern beeinflusst auch den Aufbau eines klaren Markenimages, wobei hier idealerweise alle Eindrücke auf die Markenpositionierung abzustimmen sind. Gerade die Bedeutung multisensorischer Eindrücke für die Produktbeurteilung darf nicht unterschätzt werden. So beeinflussen die Verpackung und das Produktdesign die Wahrnehmung zunächst stärker als der Markenname und das Markenlogo. Obwohl der dominante Eindruck immer der erste visuelle Eindruck von einem Produkt bzw. einer Verpackung ist, wird dieser Eindruck durch andere modalitätsspezifische Eindrücke ergänzt. So können Eindrücke, die durch Fühlen, Hören, Riechen und Schmecken gewonnen werden, den ersten visuellen Eindruck verstärken, schwächen oder in Widerspruch zu diesem stehen.

Die BRAND sense Studie von Millward Brown und Lindstrom (2005) hat herausgefunden, dass der Sehsinn (58 %), dicht gefolgt vom Geruchssinn (45 %) und dem Gehörsinn (41 %) die Wichtigkeitsskala bei Kaufentscheidungen anführen. Aber auch der Geschmackssinn (31 %) und der Tastsinn (25 %) sind hinsichtlich der Bewertung von Marken nicht zu vernachlässigen. Die Ergebnisse sind in Abb. 4.1 zusammengefasst. Marke wird jetzt erlebbar, auch ohne dass man sie sieht. Durch das Erleben nicht-visueller Reize entstehen im Kopf Bilder, was natürlich voraussetzt, zuvor eine Werbung des Unternehmens gesehen zu haben.

Die visuellen Eindrücke sind bedeutend effektiver und bleiben besser im Gedächtnis, wenn sie mit einem anderen Sinneseindruck verbunden sind, beispielsweise mit einem Geräusch oder einer speziellen Haptik. Für viele Warengruppen können Töne und haptische Wahrnehmungen sogar wesentlich wirkungsvoller sein als der optische Eindruck. So reicht beispielsweise eine kurze Melodie (Bsp. Intel Sound Logo) aus, um ein konkretes Markenbild ins Bewusstsein zu rufen.

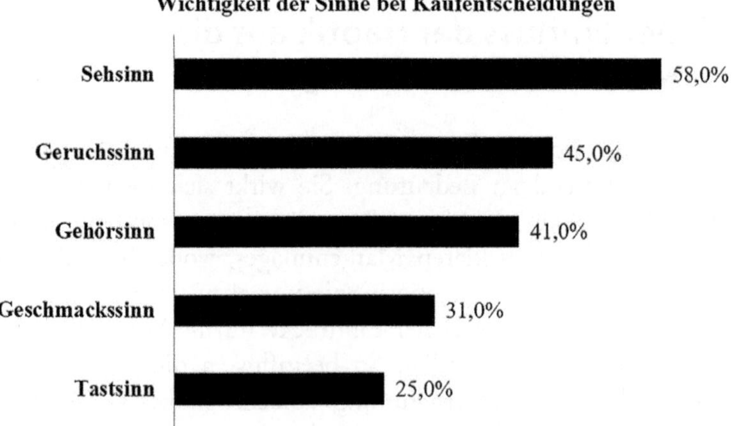

Abb. 4.1 Wichtigkeit der Sinne bei Kaufentscheidungen

Je virtueller die Welt wird, desto mehr steigt unser Bedürfnis nach taktilen Erfahrungen. Wir können uns verhören, wir können uns versehen, aber wir können uns nicht „verfühlen". Die Haptik ist unser Wahrheitssinn.

Die Haptik wird im Bereich der multisensorischen Markenführung immer wichtiger. Unternehmen entdecken zunehmend den Nutzen der Haptik. Produkte, die sich besser anfühlen als die der Konkurrenz, verkaufen sich auch besser. Bis zu den 1980er-Jahren war die Produktgestaltung fast ausschließlich an visuellen Effekten orientiert. Der Tastsinn wurde in der Industrie hingegen völlig unterschätzt.

Als einer der Ersten entdeckten Autohersteller den Tastsinn als neuen Wahrnehmungskanal Anfang der 1990er-Jahre. Das Haptik-Design ist heute längst kein Alleinstellungsmerkmal der Automobilwirtschaft mehr. In den folgenden Industriebereichen gehört Haptikforschung heute zum Standard der Forschungs- und Entwicklungsabteilungen: Nahrungsmittel-, Papier-, Textil-, Kosmetik-, Kommunikations-, Verpackungs-, Flugzeug-, Automobil- und Militärindustrie.

Die Haptik kann wesentlich zur Differenzierung und Vertiefung von Markeneindrücken beitragen. So nehmen haptische Eindrücke beispielsweise bei Apple-Produkten eine bedeutsame Stellung im Rahmen der Erlebniswirkung ein. Coca-Cola hingegen hat im Verlauf der letzten 20 Jahre mit dem geglätteten Verpackungsdesign und dem Einführen der PET-Flasche und der Einheitsdose an „haptischer Präsenz" und damit deutlich an Differenzierungskraft verloren. Meyer (2001) konnte in experimentellen Studien den Einfluss haptischer Reize auf die emotionale Profilierung von Produkten nachweisen. Dabei bestimmen besonders Textur, Konsistenz, also Rauigkeit und Härte des Materials, sowie die Form die emotionalen Eindrücke zum Produkt.

Für Marken wie Apple, Singapore Airlines, Bang & Olufsen oder Porsche Design sind haptische Eindrücke ein fundamentaler Baustein der Markenprofilierung und Markendifferenzierung. Ziel ist es, sogenannte haptische Marken zu entwickeln, an die sich der Kunde ebenso erinnert wie an das Logo eines Produktes. Um eine wirkungsvolle und starke haptische Marke zu entwickeln, muss diese Zielvariable mit denen der anderen Sinne korrespondieren.

Studien zum haptischen Sinn haben gezeigt, dass bei haptisch Lernenden der vordere Gehirnbereich, der für Bewegungsverarbeitung und Planung zuständig ist, stärker als bei anderen Lernenden aktiviert. Die Aufgabe der Testteilnehmer bestand darin, 64 unbekannte Objekte mit Namen wie „nolo" und „ured" auswendig zu lernen. Dies wurde auf zwei verschiedene Arten untersucht. Während die eine Gruppe Anschauungsmaterial und den Rat bekam, auf spezielle Eigenheiten der fremden Dinge mit der Hand zu zeigen, z. B. auf Henkel, Spitzen oder Ausbuchtungen, lernte die andere Gruppe zu jedem Objekt eine spezifische, passende Handbewegung. Die Probanden, die mit Bewegung gelernt hatten, waren beim Nachdenken signifikant schneller. Der Effekt betrug bis zu „einer guten Sekunde". Für Psychologen – laut Spitzer – „eine Ewigkeit". Spitzer resümierte: „Wer sich die Welt auch mit der Hand aneignet, denkt hinterher tiefer, schneller, besser" (Spitzer 2010).

„Es setzt sich immer mehr der Gedanke von haptischen Marken durch. Es ist bewiesen, dass Dinge besser erinnert werden, wenn sie eine markante Haptik aufweisen. Ein Beispiel für gelungene Haptik im Verpackungsbereich ist die kleine Underberg-Flasche. Die Verpackung ist wirklich hervorragend konzipiert und die Marke ist multisensorisch kohärent" (Steiner 2020), so Grunwald.

Mehrere Studien haben gezeigt, dass Werbung, die von Betrachtern angefasst werden kann, die Aufmerksamkeit erhöht und gleichzeitig das Gesehene länger im Kopf verankern lässt. Der Vorteil von gedruckter Werbung gegenüber u. a. E-Mail-Marketing wird dabei offensichtlich. Eine neurowissenschaftliche Studie zur Recall-Leistung von Print- und Online-Medien des Siegfried-Vögele-Instituts hat ergeben, dass Informationen, die visuell und haptisch erlebt wurden, stärker in der Erinnerung verankert sind, als Werbung, die rein visuell wahrgenommen wurde. Multisensorische Wahrnehmung, so die Studie, verstärkt die Erinnerungsleistung. Doch nicht nur die Tatsache, etwas anfassen zu können, hat eine Auswirkung auf das Erinnerungsvermögen: Eine Untersuchung des SVI-Stiftungslehrstuhls für Dialogmarketing an der Uni Kassel zeigte, dass auch das Gewicht und die Struktur von Papier einen Einfluss auf die Wahrnehmung und die Erinnerungsleistung des Inhaltes eines Werbeflyers hat. Die Studie ergab, dass schwerere und strukturiertere Papiersorten das Involvement und das Interesse bei den

Betrachtern erhöhten, da diese das Druckprodukt als hochwertig und edel empfanden. Schlecht gestaltete Drucksachen führten hingegen zu einer negativen Wahrnehmung des beworbenen Produktes, egal wie gut der Inhalt war. Neben der besseren Erinnerung wird durch das haptische Erlebnis auch die Kaufbereitschaft signifikant erhöht. Tests haben gezeigt, dass die finanzielle Wertschätzung für ein Objekt bereits nach einer 30-sekündigen Berührung um 50 % steigt. Ein Grund dafür ist, dass Menschen multisensorische Wesen sind, die bei einem Ansprechen des haptischen Sinns das Gefühl des „Habenwollens" entwickeln. Das kann den entscheidenden Kaufimpuls auslösen (CEWE 2018).

4.2 Erfolgsfaktoren für haptische Markenführung

Bei der Produkt- und Verpackungsgestaltung geht es in erster Linie darum, praktische (Funktion/Nutzen), ästhetische (Gefallen) und symbolische (Image/Positionierung) Ansprüche zu erfüllen. Besondere Bedeutung für die Gestaltung der Verpackung bzw. des Produktdesigns kommt jenen Eindrücken zu, die wiederum andere Eindrücke beeinflussen. Solche Eindrucksverknüpfungen (Irradiationen) sollten möglichst im Sinne der Markenpositionierung stattfinden.

Prägnanz und Diskriminationsfähigkeit von Verpackungen und Produktdesign spielen ebenfalls eine wichtige Rolle, da sie für das Wiedererkennen einer Marke entscheidend sind. Marken mit hoher Prägnanz sind beispielsweise Toblerone und Coca-Cola. Bei Verpackungen sind u. a. die Odol-Flasche und die Underberg-Flasche gute Beispiele für Diskriminationsfähigkeit durch Formen.

Es wird vermutet, dass bei Verteilung der Informationsmenge auf mehrere Sinnesorgane insgesamt mehr Informationen verarbeitet werden können. Gleichzeitig erhöht sich auch ihre Erinner- und Abrufbarkeit. Folglich ist die bewusst gewählte gleichzeitige Ansprache mehrerer Sinnesorgane für den Markenerfolg von besonderer Bedeutung.

Die klassischen Wege der Werbung sind längst keine Garantie mehr dafür, Verbrauchern den Mehrwert von Marken nahezubringen. Verschafft man jedoch dem Konsumenten durch eine besondere Form der Inszenierung ein nachhaltiges und emotionales Markenerlebnis über das Produkt, das Design und konventionelle Werbung hinaus, so ist er bereit, für diesen real erlebten Mehrwert auch entsprechend zu zahlen. Marken können eindeutige Emotionsfelder besetzen, wobei es essentiell ist, dass die mit der Marke verbundenen Gestaltungs- und Gefühlswelten stimmig und durchgängig dargestellt werden. So setzt beispielsweise der NIVEA-Auftritt seit jeher auf das Emotionsfeld „Offenheit“, ein Porsche 911 hingegen auf „Dominanz“.

In den letzten Jahren ist ein relativer Rückgang der Above-the-Line-Medien gegenüber den Below-the-Line-Kommunikationsformen festzustellen gewesen. Letztere haben den Vorteil, dass sie die Werte über mehr als zwei Sinne kommunizieren können und folglich sowohl eine psychische als auch physische Annäherung zwischen Konsument und Marke erreichen. Below-the-Line-Maßnahmen sind im Unterschied zu der Above-the-Line-Kommunikation eher unkonventionell und meist persönlich, zumindest aber direkt. So eignen sich besonders u. a. Flagship-Stores, Messen, Events oder Aktionen am Point of Sale, um dem Konsumenten das Markenerlebnis multisensorisch zu vermitteln.

Marken können verbal oder nonverbal in der Werbung präsentiert werden. So wird für einen Werbespot in Abhängigkeit vom Produkt, der Werbestrategie und der Zielgruppe beispielsweise eine vertrauenswürdige, jung oder dynamisch klingende Stimme ausgewählt. Eine unpassende oder unangenehme Stimme kann dazu führen, dass sich der Adressat irritiert fühlt und negative Gefühle auf die Marke überträgt.

Obwohl der Konsument individuelle Erlebniswerte sucht und präferiert, erlebt die Mehrzahl der Konsumenten Marken und Dienstleistungen als austauschbar. Das Erlebnismarketing, das auf die Gefühle der Konsumenten zielt, wird daher in Zukunft an Stellenwert gewinnen. Um die Erlebnisstrategien im Marketing erfolgreich umzusetzen, muss es gelingen, dem Konsumenten die Erlebniswerte durch den integrierten Einsatz aller Marketinginstrumente – d. h. nicht nur durch die visuell geprägte Werbung – zu vermitteln. Durch die Schaffung multisensorischer Konsumerlebnisse, die als einer der größten Herausforderungen des Erlebnismarketings gilt, können die Konsumenten besonders wirksam (mit allen Sinnen) angesprochen werden. Um eine hohe Erlebnisqualität bei der Markenkommunikation zu gewährleisten, müssen die multisensorischen Berührungspunkte der Marke (z. B. am Point of Sale oder mittels Direct Mailing), die sogenannten Brand Touch Points, genau identifiziert werden.

Um eine multisensorische Markenführung erfolgreich umsetzen zu können, bedarf es einer entsprechenden Markenpositionierung, die auf einer eigens für die Marke entwickelten Markenidentität inklusive Markenkern basiert. Im nächsten Schritt muss die Markenpositionierung in ein zentrales Markengefühl übersetzt werden. Dabei stellt man sich die zentrale Frage: „Welche Emotionen bzw. welche Gefühle sollen mit dieser Positionierung geweckt werden?" Die multisensorische Markenführung hat nun die Aufgabe, dieses zentrale Markengefühl auf alle Brand Touch Points multisensorisch zu übertragen.

Echtes multisensorisches Branding führt zu den nachhaltigsten Erlebnissen und zu langanhaltenden, positiven Markenerinnerungen. Dafür muss die Marke möglichst über alle Sinne erlebbar gemacht werden. Dabei ist darauf zu achten, dass alle Sinneseindrücke dasselbe Erlebnis vermitteln. Grundsätzlich gilt: Je mehr sensorische Berührungspunkte es zur Zielgruppe gibt, desto effektiver kann eine multisensorische Markenkommunikation implementiert werden. Idealerweise sind die verschiedenen Sinnesreize aufeinander abgestimmt, um deren Verarbeitung zu erleichtern. Dies beinhaltet die inhaltliche und formale Abstimmung aller Kommunikationsmaßnahmen, um die erzeugten Kommunikationseindrücke zu vereinheitlichen und zu verstärken.

Um Produkte oder Marken multisensorisch zu gestalten, bedarf es einer ganzheitlichen Gestaltung, die nur von der Marke als Ganzes ausgehen kann. Eine isolierte gestalterische Betrachtung einzelner Elemente ist hingegen nicht zielführend. Ein wichtiger Erfolgsfaktor ist dabei die Analyse der Wirkung des Einflusses von Einzelelementen (Farben, Formen, Materialien usw.) beim Konsumenten, soweit sie getrennt voneinander wahrgenommen und beurteilt werden.

Welche Möglichkeiten bieten sich, neben dem visuellen und auditiven Sinn auch andere Sinnesorgane im Rahmen des multisensorischen Marketings anzusprechen? Hier gilt es, sowohl den Anlass, die Form als auch den Kontext zu berücksichtigen. In ausgewählten Bereichen kann es sicherlich ergänzende und unterstützende komplementäre Wirkungen geben. Im Einzelfall kann multisensorisches Marketing einen wichtigen Beitrag zur Emotionalität der Marke leisten.

Entwicklern, Designern und Marketingvertretern ist zu empfehlen, die Potenziale einer haptischen Markenbildung für das jeweilige Produkt und dessen Umgebung systematisch zu analysieren und entsprechende Gestaltungen zielgerichtet vorzunehmen bzw. zu erkennen, dass bereits eine haptische Markenbildung bei ihren Produkten stattgefunden hat. Bevor jedoch die Entwicklung und Etablierung haptischer Marken indiziert wird, sollte bei bestehenden Produktlinien geprüft werden, auf welche bereits implizit entwickelten, haptischen Markenaspekte aufgebaut werden kann. „Bei neuen Produkten wird idealerweise bereits im Entwurf auf die Bildung haptischer Marken geachtet. Erfolgt diese Analyse nicht, können wertvolle und gewichtige Marktanteile und Markenelemente verloren gehen“, so Grunwald (2023).

4.3 Risiken der haptischen Markenführung

Da durch die Marketingaktivitäten im Allgemeinen mehrere Sinne gleichzeitig angesprochen werden, ist es wichtig, das Zusammenwirken von mehreren Reizmodalitäten zu beachten. Durch unzureichende Abstimmung der zur Beeinflussung eingesetzten Reize, vor allem aber durch die Vernachlässigung vieler Reizmodalitäten im Marketing kommen erhebliche Wirkungsverluste zustande.

Bislang scheitert die einheitliche und auf der Markenstrategie basierende Umsetzung der Marke in alle Sinneskanäle häufig an fehlenden bzw. mangelhaften Briefing-Tools und unsystematischen Prozessen. Die Markenverantwortlichen in den Unternehmen managen oft die Sinne getrennt voneinander: Es gibt eine Abteilung für Klang, eine für Duft, eine für Haptik und eine, die für visuelle Kommunikation zuständig ist. Doch allzu oft weiß der eine nichts vom anderen.

Die ersten Ursachen liegen bereits im Fehlen von relevanten und differenzierenden Markenwerten. Dann folgen die Fehler in der inkongruenten Entwicklung einer Marke. Hinzu kommen dann teilweise Entscheidungen auf Basis des persönlichen Geschmacks. Von sogenannten „Flurentscheidungen“, d. h. Entscheidungen die ohne empirische

Basis – oftmals auf dem Flur in Unternehmen – getroffen werden, ist jedenfalls abzuraten. Meinungen sind im Bereich der Haptik eher tückisch. Jedes Unternehmen ist besser beraten, Entscheidungen auf der Grundlage empirischer Daten zu treffen (Grunwald 2023).

Ohne eine konkrete, ursächliche, relevante und spezifische Markenidentität, die aus einem Markenkern und mehreren Markenwerten besteht, ist multisensorische bzw. haptische Markenkommunikation von vornherein zum Scheitern verurteilt. Zur Erleichterung der Verarbeitung von multisensorischen Reizen sollten diese aufeinander abgestimmt sein. Um die erzeugten Kommunikationseindrücke zu vereinheitlichen und zu verstärken, gilt es, sowohl eine inhaltliche als auch eine formale Abstimmung aller Kommunikationsmaßnahmen zu verfolgen. Ziel ist es, dass die Konsumenten die durch die Kommunikation vermittelten unterschiedlichen Sinneseindrücke als einheitliches Bild wahrnehmen.

Sind die Reize nicht abgestimmt (inkongruent), kann es einerseits zu einer Verarbeitungskonkurrenz zwischen den verschiedenen Sinneskanälen kommen oder eine negative Wahrnehmung von Markenerlebnissen ist die Folge. Inkonsistente Sinneseindrücke verursachen diffuse und zersplitterte Eindrücke beim Konsumenten und hinterlassen ein unklares Markenbild. In einem solchen Fall ringen mehrere unterschiedliche Reize um die Aufmerksamkeitsgunst bei der Verarbeitung und es folgt eine gegenseitige Schwächung, während bei aufeinander abgestimmten Reizen mit einer Verstärkung zu rechnen ist. Wirken die sensorischen Signale durch ihre Intensität zu aufdringlich, so können sie den Konsumenten abschrecken und folglich vom Kauf abhalten. Im Handel führt die multisensorische bzw. haptische Ansprache idealerweise zur Emotionssteigerung. Es soll damit gute Stimmung beim Kunden erzeugt werden, sodass sich auch dessen Kauflaune steigert. Die multisensorischen bzw. haptischen Botschaften dürfen jedoch nicht das Warenangebot überstrahlen. Grundsätzlich gilt: Je konformer die Reize gestaltet sind, umso stärker ist die Wirkung.

Generell liegt das Risiko in der Reizstärke bzw. im Umfang der Dosierung einzelner Instrumente wie Düfte, Farben oder Haptik. Bei allen Vorteilen von Emotionen und Erlebnissen ist eine „Emotionalisierung um jeden Preis“ zu vermeiden, sondern auf einen optimalen Mix aus emotionalen und informativen Argumenten zu achten. Wichtig ist auch, dass Sinnesreize und Unternehmenskonzept zusammenpassen.

Aufbauend auf der Markenidentität und Markenpositionierung sind relevante Erlebnistreiber für die Entwicklung haptischer Reize abzuleiten und zu bestimmen. Diese sind mit Markenzeichen zu verknüpfen.

Die Herausforderung in der Implementierung ist, den richtigen Touch Point zur Zielgruppe mit dem jeweils dafür geeigneten sensorischen Medium zu belegen. Die meisten Ansätze im multisensorischen Marketing sind jedoch nur Insellösungen und keine ganzheitlichen und integrierten Konzepte. Multisensorisches Branding ist keine Frage der Unternehmensgröße, sondern eine Frage der Markenvision des Managements, verbunden mit dem Verständnis für die Vorteile einer multisensorischen Ausrichtung. Ob eine sensorische Komplettausrichtung einer Marke notwendig und machbar ist, ist für jedes Unternehmen im Einzelfall zu analysieren und zu entscheiden.

Ihr Transfer in die Praxis

- Welche sensorischen bzw. haptischen Berührungspunkte gibt es zu Ihrer Zielgruppe?
- Welche Gestaltungsmittel nutzen Sie in der Kommunikation für die gezielte Sinnesansprache?
- Wie viele Sinne sprechen Sie in der Kommunikation bzw. in Ihrem Verkaufsraum beim Kunden/Interessenten an?

Literatur

CEWE (2018): Die Bedeutung der Haptik für die Werbung, URL https://www.marketing-boerse.de/fachartikel/details/1827-diebedeutung-der-haptik-fuer-die-werbung/147223, Zugegriffen: 1. Februar 2023.

Fösken, S. (2006): Im Reich der Sinne, in: Absatzwirtschaft, Vol.03.

Grunwald, M. (2023): Experteninterview „Haptisches Marketing“, in: Steiner, P.: Quick Guide Haptisches Marketing – Wie Sie mit haptischen Reizen Ihre Marke stärken, Wiesbaden: Springer Gabler.

12. Lindstrom, M. (2005): Brand Sense – Build Powerful Brands through Touch, Taste, Smell, Sight and Sound, New York: Free Press.

Meyer, S. (2001): Produkthaptik: Messung, Gestaltung und Wirkung aus verhaltens-wissenschaftlicher Sicht, Wiesbaden: Gabler.

Spitzer, M (2010): Die Hand denkt mit, URL: https://www.creastixx.de/haptische_verkaufshilfen/e700/Studie- DieHanddenktmit.pdf, Zugegriffen: 4. Februar 2023.

Steiner, P (2020): Sensory Branding. Grundlagen multisensualer Markenführung, 3. Auflage, Wiesbaden: Springer Gabler.

5 Praxisbeispiele haptischer Marken

Was Sie aus diesem Kapitel mitnehmen

- Welche Gestaltungsmittel bekannte Marken nutzen, um ihre Kunden erfolgreich multisensorisch bzw. haptisch anzusprechen.
- Die unterschiedlichen Ausprägungen des multisensorischen Profils von Singapore Airlines.
- Die unterschiedlichen Ausprägungen des multisensorischen Profils von MINI.

Marken werden in der Markenkommunikation oftmals nur mit der Ansprache von ein oder zwei Sinnen kommuniziert. Unternehmen, die ihre Marken mit der gezielten Ansprache von mehreren Sinnen, insbesondere mit haptischen Erlebnissen den Kunden näherbringen, sind in der Minderheit. Markenplattformen wie Markenerlebniswelten, Museen, Roadshows etc. stellen dabei ein nützliches Marketinginstrument dar, um den Konsumenten ein größeres Spektrum an multisensorischer bzw. haptischer Gestaltung bieten zu können. Immer mehr Markenhersteller suchen den unmittelbaren Kontakt zu ihren Kunden und wollen ihnen am Point of Sale (POS) haptische Markenerlebnisse

P. Steiner, *Quick Guide Haptisches Marketing*, Quick Guide,
https://doi.org/10.1007/978-3-658-41966-0_5

bieten. Dadurch lässt sich Produktdifferenzierung und Markenpräferenz optimal realisieren. Der POS wird zum Point of Experience (POE). Ziel dabei ist es, dass sich eine hohe Markenloyalität des Konsumenten einstellt. Dies wird erreicht, indem die alltägliche Verwendung des Markenprodukts dem punktuellen Markenerlebnis vor Ort entspricht.

Grundsätzlich ist zu beachten, dass multisensorische Markenerlebnisse am POS, als subjektiv empfundene, im inneren der Konsumenten entstehende Emotionen, vom Anbieter nicht „garantiert" werden können, da es entscheidend auf die Art der Rezeption und Verarbeitung durch den Kunden ankommt, ob ein Erlebnisangebot auch tatsächlich zu einem empfundenen Erlebnis wird oder nicht: Kaufen lässt sich immer nur das Erlebnisangebot, nicht das Erlebnis selbst – dieses muss jeder in eigener Regie produzieren.

Beispielsweise zählt die US-Kaffeehauskette Starbucks zu jenen Unternehmen, die erfolgreich eine multisensorische Markenführung verfolgen. Durch die multisensorische Gestaltung der Outlets (u. a. typischer Kaffeegeruch, gediegene Wohnzimmeratmosphäre) wird der Kunde im Inneren des Cafés mit mehreren Sinnen angesprochen und erlebt folglich die Marke Starbucks multisensorisch.

Auch das US-Modehaus Abercrombie & Fitch setzt auf ein multisensorisches Markenerlebnis. So ist das Unternehmen bekannt für den Mix aus Kleidung, lauter Musik, verführerischem Duft und halbnackten Models.

Dieses Kapitel analysiert zwei Unternehmen, die ihre Marke erfolgreich multisensorisch kommunizieren und dabei auch Haptisches Marketing einsetzen bzw. eingesetzt haben. Anhand der beiden Best Practice-Beispiele Singapore Airlines und MINI wird der Einsatz multisensorischer Markenführung ausführlich erläutert.

5.1 Singapore Airlines

Das Unternehmen Singapore Airlines (SIA) ist die prototypische Ausprägung einer Markenplattform. Bei Fluggesellschaften ist das Markenerlebnis am unmittelbarsten nachvollziehbar, denn was ist der Innenraum eines Flugzeuges anderes als die Präsentation der eigenen Marke.

Singapore Airlines war weltweit die erste Fluggesellschaft, die Anfang der 1970er-Jahre ihren Passagieren in der Economy-Class Kopfhörer kostenlos zur Verfügung gestellt hat. Im Jahr 1991 war es erstmals möglich, an Bord einer SIA-Maschine via Satellit zu telefonieren. Zehn Jahre später folgte ein globales E-Mail-System an Bord für alle Passagiere.

SIA hat schon früh begonnen, sich multisensorisch in Szene zu setzen. So wurde 1968 die bekannte Uniform „Sarong Kebaya" eingeführt und die international bekannten Flugbegleiterinnen der SIA, auch Singapore Girls genannt, debütierten. Ein Hauptfaktor des großen Erfolges von SIA ist der herausragende Kundenservice, wobei die überdurchschnittliche Aufmerksamkeit, die Singapore Airlines ihren Passagieren widmet, durch das Singapore Girl symbolisiert wird.

Die Flugbegleiterinnen leisten nicht nur durch ihr einheitliches Aussehen – die Farben der Uniform sind mit den Markenfarben der Corporate Identity abgestimmt – einen Beitrag zur Marke, sondern sind durch ihr komplettes Auftreten und Verhalten entscheidend an der Bildung der Markenplattform beteiligt. Während viele Fluggesellschaften den multisensorischen Aspekt in der Markenführung Jahre jahrelang ignoriert haben, hat sich Singapore Airlines, die sich als „Entertainment Gesellschaft in der Luft" betrachtet, schon sehr früh zum Ziel gesetzt, ihren Kunden ein multisensorisches Markenerlebnis zu bieten.

SIA setzt seit Ende der 1990er-Jahre das speziell für die Fluglinie entwickelte Aroma „Stefan Floridian Waters" in der Flugkabine ein, welches auch als Markenduft des Unternehmens patentiert worden ist. Dieser Duft bildet die Grundlage des Parfums der Singapore Girls und des gesamten Flugpersonals. Außerdem wird dieses spezielle Aroma den „Hot Towels" zugefügt und sogar über die Klimaanlage in der Kabine verströmt. „Stefan Floridian Waters" wurde somit zum Markenzeichen für Singapore Airlines (Linxweiler und Siegle 2008).

Die Farben an Bord, die mit dem Make-Up und der Uniform der Flugbegleiterinnen harmonieren, gewährleisten eine einheitliche visuelle Kommunikation der Marke. In den Werbespots und den Lounges von SIA, wie auch in der Kabine kurz vor Abflug und bei der Landung, werden stets bestimmte asiatisch anmutende Klänge gespielt, die als Corporate Sound der Markenplattform Singapore Airlines fungieren.

Exquisite Küche an Bord ist Standard in allen Klassen. Für das leibliche Wohl sorgt ein internationales Expertenteam aus Spitzenköchen und Weinkennern. Abb. 5.1 zeigt in Anlehnung an Lindstrom (2005) das multisensorische Profil von Singapore Airlines.

Auch die haptischen Erlebnisse kommen an Bord nicht zu kurz, denn alle Gäste erhalten an Bord „Hot Towels“ vor dem Abflug, die mit dem Markenduft „Stefan Floridian Waters“ angereichert sind – so werden der haptische und der Geruchssinn gleichzeitig angesprochen. Folglich ist das emotionale Markenerlebnis um ein Vielfaches größer und bleibt bei den Gästen stärker in Erinnerung. Zusätzlich werden Passagiere in der Business Class durch ansprechendes Geschirr verwöhnt, welches die haptische Komponente im Zuge der multisensorischen Markenführung noch verstärkt. Somit wird die Marke Singapore Airlines von den Kunden visuell, akustisch, olfaktorisch, haptisch und gustatorisch wahrgenommen. Sämtliche multisensorische Berührungspunkte mit der Zielgruppe werden herangezogen, um die Kunden gezielt mit allen Sinnen anzusprechen und in weiterer Folge stärker emotional an die Marke zu binden.

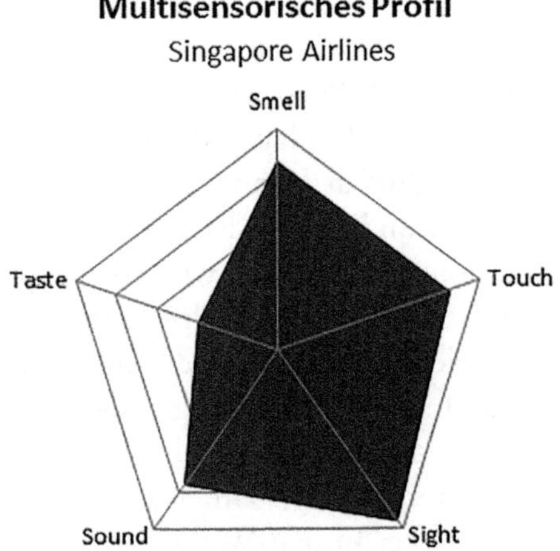

Abb. 5.1 Multisensorisches Profil von Singapore Airlines

Das Unternehmen Singapore Airlines gilt als Benchmark im Bereich der multisensorischen Markenführung und zählt heute zu den erfolgreichsten Fluglinien der Welt. Zahlreiche internationale Auszeichnungen belegen den außerordentlichen Erfolg.

5.2 MINI

Der klassische Mini wurde von Sir Alec Issigonis für die British Motor Corporation entworfen und bis zum Jahr 2000 gebaut. Anstoß für die Entwicklung des kleinen und sparsamen Automobils war die Suezkrise und der von ihr ausgelöste Treibstoffengpass im Jahr 1956. Bei seiner Einführung 1959 galt der Mini mit Frontantrieb, quer eingebautem Motor, einer Platzsparenden Gummifederung, einer gemeinsamen Ölwanne für Motor und Getriebe und cleverer Raumausnutzung als technischer Geniestreich. Dieser revolutionäre und sparsame Kleinwagen mit funktionalem Design entwickelte sich zum Kultfahrzeug einer jungen, unkonventionellen und für Veränderungen aufgeschlossenen Gesellschaft und wurde bis zum Jahr 2000 über fünf Millionen Mal verkauft.

Von der internationalen Motorpresse wurde der Mini zum bedeutendsten Auto des 20. Jahrhunderts gewählt und von der Fachzeitschrift „Automobilwoche“ zum „Auto des Jahrzehnts“ gekürt. Durch die Übernahme der BMW Group erfuhr die Marke im Jahr 2001 einen Relaunch. Erstmals wurde mit den Modellen MINI One und MINI Cooper eine Premiummarke im Kleinwagensegment etabliert. Aktuell gibt es folgende MINI Modellreihen: MINI Electric, MINI 3-Türer, MINI 5-Türer, MINI Cabrio, MINI Clubman, MINI Countryman, MINI John Cooper Works, MINI Concept Aceman und diverse MINI Sondermodelle.

Zur emotionalen Aufladung der Marke lehnen sich die Designer bis heute am klassischen Mini an. Die Kernelemente des heutigen MINI Designs, die für einen hohen Wiedererkennungseffekt sorgen, sind die steile Frontscheibe, die kurzen Überhänge vorne und hinten, der Kühlergrill, das Glasband der Fahrgastzelle mit schmalen A/B/C-Säulen und die zwei großen, runden Scheinwerfer. Die jeweiligen Markenwerte können durch ihre wahrnehmungspsychologische Herleitung in die Formensprache übersetzt werden.

Im MINI spiegeln sich die Ursprünglichkeit und Identität unterschiedlicher Typen menschlicher Körperformen wider. Das Ergebnis ist eine authentische Gesamtgestalt, in der sich viele Zielgruppen wiederfinden. Die einfache Formsprache spricht alle Sinne an, sorgt für Langlebigkeit und ruft durch die Stimmigkeit der einzelnen Gestaltungselemente ein sympathisches und authentisches Bild hervor.

Der Hörsinn wird bei MINI besonders durch den Motorsound angesprochen. So ist das Sounddesign des MINI Cooper S mit dem satten Turboblubbern des MINI TwinPower-Turbomotors sehr differenziert. Aber auch das typische MINI Blinkergeräusch oder das Geräusch beim Öffnen und Schließen der Autotür wird von vielen Kunden bewusst wahrgenommen. Auch der Tastsinn spielt bei MINI eine bedeutende Rolle, so z. B. beim Türgriff, der in der Regel den ersten haptischen Kontakt mit dem Auto herstellt.

Das MINI Interieurdesign wiederum bietet ein unverwechselbares Ambiente, das erst durch die Zusammenstellung von Formen, Farben und Materialien entsteht. Die Kombination kreisförmiger Elemente mit der straffenden horizontalen Geometrie des Armaturenbretts prägt dabei ganz besonders die Formensprache. Durch die bewusste Auswahl besonders hochwertiger Materialien wird auch der Geruchssinn angesprochen. Denn häufig lässt sich die höchste unterbewusste Ablehnung feststellen, wenn Kunden ein Auto sprichwörtlich „nicht riechen können". Abb. 5.2 beinhaltet das multisensorische Profil des MINI Produktdesigns.

Der Marke MINI ist es gelungen, eine werteorientierte Zielgruppe anzusprechen, die sich nur bedingt anhand demografischer Kriterien beschreiben lässt. Bei MINI ist das Marketing nicht am Produkt ausgerichtet, sondern an der Marke, die den Lebensstil (Lifestyle) ihrer Kunden anspricht und anreichert. Obwohl die Marke stark emotional aufgeladen ist, polarisiert sie nicht.

Die zentrale Herausforderung für die Markenführung von MINI besteht in der kontinuierlichen Steigerung der Markenbekanntheit und in der kommunikativen Differenzierung vom Marktangebot der Wettbewerber, um den Markterfolg von MINI langfristig aufrecht erhalten

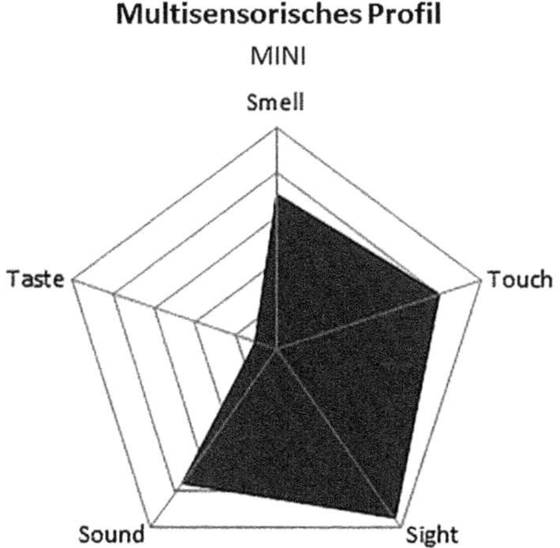

Abb. 5.2 Multisensorisches Profil des MINI Produktdesigns

zu können. Sowohl die Einzigartigkeit der Marke als auch die hohe Anspruchshaltung der Zielgruppe machen hierbei den Einsatz unkonventioneller und neuartiger Kommunikationsmaßnahmen notwendig.

Neben der Auswahl relevanter Kommunikationskanäle kommt es v. a. auf die Tonalität an. Umfangreiche Analysen des Mediennutzungsverhaltens der Zielgruppe zeigen die hohe Affinität der modernen Milieus gegenüber interaktiver Kommunikation und persönlicher Vermittlung von Informationen. Dementsprechend nehmen das Eventmarketing, das Markenerlebnis am Point of Sale und das Onlinemarketing, insbesondere Social Media einen hohen Stellenwert in der MINI Markenkommunikation ein.

Als einer der wichtigsten Botschafter der Marke in der Automobilindustrie fungiert die Handelsorganisation, die sowohl das markentypische Erscheinungsbild im Verkaufsraum, als auch die zielgruppengerechte Ansprache durch das Verkaufspersonal gewährleistet. Immer mehr der über 1000 MINI-Händler weltweit bieten die Marke exklusiv in eigenen Showrooms an, und dies vor allem in den Zentren der Metropolen und urbanen Gebieten. Das Ergebnis ist ein besonders intensives MINI Markenerlebnis. Um die Kunden im Verkaufsraum multisensorisch anzusprechen, hat beispielsweise die MINI Niederlassung München im

Jahr 2005 den Wartebereich im MINI Showroom beduftet, wobei mit „Lemon Grass" ganz bewusst nur ein Duft verwendet wurde, um die Kunden an den Geruch zu gewöhnen. Obwohl die Kunden die Beduftung im MINI Showroom positiv wahrgenommen haben, wurde diese olfaktorische Kommunikationsmaßnahme aufgrund der hohen Kosten nach einem Jahr eingestellt.

Ihr Transfer in die Praxis

- Sie wissen nun, welche Gestaltungsmittel bekannte Marken nutzen, um Ihre Kunden erfolgreich multisensorisch bzw. haptisch anzusprechen.
- Analysieren Sie, ob Ihre Wettbewerber multisensorische bzw. haptische Kommunikation betreiben.
- Wie sieht das multisensorische Profil für Ihre Marke(n) aus?

Literatur

Lindstrom, M. (2005): Brand Sense – Build Powerful Brands through Touch, Taste, Smell, Sight and Sound, New York: Free Press.

Linxweiler, R./Siegle, A. (2008): Markenplattformen - Erlebnis für alle Sinne, in: Herbrand, N. O. [Hrsg.]: Schauplätze dreidimensionaler Markeninszenierung: Innovative Strategien und Erfolgsmodelle erlebnisorientierter Begegnungskommunikation, Stuttgart: Edition Neues Fachwissen, S. 97–118.

6
Fazit und Ausblick

Der Mensch ist verschiedenen Umweltreizen ausgesetzt, die er über die fünf Sinnesorgane Augen, Ohren, Nase, Zunge und Haut aufnimmt. In allen fünf Sinnesorganen befinden sich Sinneszellen (Rezeptoren), die sehr empfindlich auf die eintreffenden Reize reagieren. Jeder Rezeptor ist dabei auf bestimmte Reize spezialisiert und wandelt diese in nervöse Erregungen um, die über sensible Nerven an das zentrale Nervensystem weitergeleitet werden. Dort lösen sie optische, akustische, olfaktorische, gustatorische bzw. haptische Sinneseindrücke aus, die dem Menschen als Empfindungen bewusst werden. Gerade in der heutigen Zeit, in der wir mit einer visuellen und akustischen Reizüberflutung konfrontiert sind, tritt die Haptik mehr in den Vordergrund.

Markenbotschaften werden aktuell oft nur mono- oder duosensual kommuniziert, d. h. auf einem oder zwei Sinneskanälen – meist visuell und akustisch. Dadurch verschenken Unternehmen ein erhebliches Potenzial, um ihre Marken bekannter zu machen und in einzigartiger Weise im Gedächtnis der Konsumenten zu verankern. Unternehmen stehen vor der Herausforderung, ihre Markenwerte durch möglichst viele Sinne gezielt zu vermitteln, um sich von der Konkurrenz explizit abzuheben und Verbraucher langfristig an ihre Marke zu binden. Das

P. Steiner, *Quick Guide Haptisches Marketing*, Quick Guide,
https://doi.org/10.1007/978-3-658-41966-0_6

gilt für alle Sinnesebenen, die Markenzeichen senden können, von der Akustik bis hin zur Haptik. Die Bedeutung der verschiedenen Sinne im Rahmen der Markenkommunikation variiert jedoch branchenabhängig. So nehmen u. a. in der Automobil- und Lebensmittelindustrie die unterschiedlichen Sinnesmodalitäten eine hohe Bedeutung ein.

Markeninhaber haben in den letzten Jahren große Anstrengungen unternommen, um ihre innovativen Markenformen in das Markenregister eintragen zu lassen. Markenformen bestimmen die unterschiedlichen Wirkungsarten von Marken als Kommunikationszeichen auf die menschlichen Sinnesorgane. Marken können sowohl den visuellen, den auditiven, den olfaktorischen, den gustatorischen als auch den haptischen Sinn ansprechen. Das Deutsche Patent- und Markenamt (DPMA) unterscheidet 14 unterschiedliche Markenformen, die registriert werden können. Durch das in 2019 in Kraft getretene Markenrechtsmodernisierungsgesetz (MaMoG) kam es zu bedeutsamen Änderungen im Markengesetz und in der Markenverordnung. Eine bedeutsame Änderung ist der Wegfall der grafischen Darstellbarkeit von Markenformen. So können – Schutzfähigkeit vorausgesetzt – beispielsweise haptische Marken in den vorgesehenen elektronischen Formaten sowie sonstigen Markenformen eingetragen werden.

Haptische Marken werden hauptsächlich als Dreidimensionale Marke angemeldet und registriert. Bekannte Marken, die im DPMA als Dreidimensionale Marke eingetragen wurden, sind u. a. Ritter Sport (Tafelschokolade), Schwan-Stabilo (Farbstifte) und Philips (Elektrischer Rasierapparat). Bislang wurden rund 2000 Dreidimensionale Marken im Markenregister des DMPA angemeldet bzw. eingetragen. Da das MaMoG keine grafische Darstellbarkeit der einzutragenden Marken voraussetzt, können haptische Marken auch als „Sonstige Marke" in das Markenregister eingetragen werden.

Haptische Marken bezeichnen haptische Eigenschaftsdimensionen die einem Produkt oder einer Produktumgebung ohne visuelle Zusatzinformationen unmittelbar zugeordnet und damit assoziiert werden. Produktumgebungen sind alle kontextualen, funktionalen und gestalterischen Eigenschaften, die indirekt das Produkt und dessen Nutzung beeinflussen (z. B. Verpackung, Kompatibilität zu Produkten anderer Produktklassen, Haushaltsnutzung vs. Freizeitnutzung). Haptische Marken sind in der Regel modalitätsgebundene Eigenschaften, die unabhängig von anderen sensorischen Produktinformationen wirken. Im Ergebnis gilt eine haptische Marke als etabliert, wenn der Produktnutzer auch bei Unterbindung visueller, akustischer und gustatorischer Informationen das Produkt oder die Produktumgebung eindeutig zuordnen kann. Haptische Marken sind somit Alleinstellungsmerkmale des Produktes und der Produktumgebung, die einen unmittelbaren Marktvorteil im Vergleich zu anderen Produkten der gleichen Klasse darstellen. Innerhalb der Hierarchie der Sinne haben diejenigen Marken einen besonderen Vorteil, die körperliche, d. h. haptische Informationen transportieren können. Als Haptisches Marketing wird der Gesamtprozess bezeichnet, um ein Produkt oder eine Produktumgebung als haptische Marke zu etablieren.

Im Rahmen von Haptischem Marketing, das eine Teildisziplin des Multisensorischen Marketings darstellt, stehen haptische Wahrnehmungsprozesse von Produkten und Dienstleistungen im Zentrum der Betrachtung. Die haptischen Sinneseindrücke lassen sich anhand mehrerer Dimensionen beschreiben. So zählen vor allem die Dimensionen Material, Oberfläche, Konsistenz, Elastizität, Temperatur, Gewicht, Form und Größe zu den haptischen Objekteigenschaften. Die Haptik kann wesentlich zur Differenzierung und Vertiefung von Markeneindrücken beitragen. Letztlich geht es darum, mit Hilfe von bewusst kreierten haptischen Eindrücken den Absatz von Produkten und Dienstleistungen positiv zu beeinflussen bzw. zu steigern, als auch das Markenimage und die Kundenbindung zu stärken.

Die visuellen Eindrücke sind bedeutend effektiver und bleiben besser im Gedächtnis, wenn sie mit einem anderen Sinneseindruck verbunden sind, beispielsweise mit einem Geräusch oder einer speziellen Haptik. Für viele Warengruppen können Töne und haptische Wahrnehmungen sogar wesentlich wirkungsvoller sein als der optische Eindruck. So reicht beispielsweise eine kurze Melodie (Bsp. Intel Sound Logo) aus, um ein konkretes Markenbild ins Bewusstsein zu rufen.

Je virtueller die Welt wird, desto mehr steigt unser Bedürfnis nach taktilen Erfahrungen. Wir können uns verhören, wir können uns versehen, aber wir können uns nicht verfühlen. Die Haptik ist unser Wahrheitssinn.

Die Haptik wird im Bereich der multisensorischen Markenführung immer wichtiger. Unternehmen entdecken zunehmend den Nutzen der Haptik. Produkte, die sich besser anfühlen als die der Konkurrenz, verkaufen sich auch besser. Früher hat man sich bei der Produktgestaltung bis in die achtziger Jahre des 20. Jahrhunderts fast ausschließlich an visuellen Effekten orientiert.

Den Tastsinn hat man in der Industrie bis vor wenigen Jahren völlig unterschätzt. Autohersteller entdeckten den Tastsinn als neuen Wahrnehmungskanal Anfang der 90er Jahre als einer der Ersten. Das Haptik-Design ist jedoch längst kein Privileg mehr allein der Automobilwirtschaft. In den folgenden Industriebereichen gehört Haptikforschung heute zum Standard der Forschungs- und Entwicklungsabteilungen: Nahrungsmittel-, Papier-, Textil-, Kosmetik-, Kommunikations-, Verpackungs-, Flugzeug-, Automobil- und Militärindustrie.

Die Haptik kann wesentlich zur Differenzierung und Vertiefung von Markeneindrücken beitragen. So nehmen haptische Eindrücke beispielsweise bei Apple-Produkten eine bedeutsame Stellung im Rahmen der Erlebniswirkung ein. Coca-Cola hingegen hat im Verlauf der letzten 20 Jahre mit dem geglätteten Verpackungsdesign und dem Einführen der PET-Flasche und der Einheitsdose an „haptischer Präsenz" und damit deutlich an Differenzierungskraft verloren. Meyer (2001) konnte in experimentellen Studien den Einfluss haptischer Reize auf die emotionale Profilierung von Produkten nachweisen. Dabei bestimmen besonders Textur, Konsistenz, also Rauigkeit und Härte des Materials, sowie die Form die emotionalen Eindrücke zum Produkt.

Für Marken wie Apple, Singapore Airlines, Bang & Olufsen oder Porsche Design sind haptische Eindrücke ein fundamentaler Baustein der Markenprofilierung und Markendifferenzierung. Ziel ist es, so genannte haptische Marken zu entwickeln, an die sich der Kunde ebenso erinnert wie an das Logo eines Produktes. Um eine wirkungsvolle und starke haptische Marke zu entwickeln muss diese Zielvariable mit denen der anderen Sinne korrespondieren.

Studien zum haptischen Sinn haben gezeigt, dass bei haptisch Lernenden der vordere Gehirnbereich, der für Bewegungsverarbeitung und Planung zuständig ist, stärker als bei anderen Lernenden aktiviert. Es ist bewiesen, dass Dinge besser erinnert werden, wenn sie eine markante

Haptik aufweisen. Neben dem verbesserten Erinnerungsvermögen wird durch das haptische Erlebnis auch die Bereitschaft ein Produkt zu kaufen, signifikant erhöht. Tests haben gezeigt, dass die finanzielle Wertschätzung für ein Objekt bereits nach einer 30-sekündigen Berührung um 50 % steigt. Ein Grund dafür ist, dass Menschen multisensorische Wesen sind, die bei einem Ansprechen des haptischen Sinns das Gefühl des „haben wollens" entwickeln. Das kann den entscheidenden Kaufimpuls auslösen.

Echtes multisensorisches Branding führt zu den nachhaltigsten Erlebnissen und zu langanhaltenden, positiven Markenerinnerungen. Dafür muss die Marke möglichst über alle Sinne erlebbar gemacht werden. Dabei ist darauf zu achten, dass alle Sinneseindrücke dasselbe Erlebnis vermitteln. Grundsätzlich gilt: Je mehr sensorische Berührungspunkte es zur Zielgruppe gibt, desto effektiver kann eine multisensorische Markenkommunikation implementiert werden. Idealerweise sind multisensorisch Reizen aufeinander abgestimmt, um deren Verarbeitung zu erleichtern. Dies beinhaltet die inhaltliche und formale Abstimmung aller Kommunikationsmaßnahmen, um die erzeugten Kommunikationseindrücke zu vereinheitlichen und zu verstärken.

Um Produkte oder Marken multisensorisch zu gestalten, bedarf es einer ganzheitlichen Gestaltung, die nur von der Marke als Ganzes ausgehen kann. Eine isolierte gestalterische Betrachtung einzelner Elemente darf nicht verfolgt werden. Ein wichtiger Erfolgsfaktor ist dabei die Analyse der Wirkung des Einflusses von Einzelelementen (Farben, Formen, Materialien usw.) beim Konsumenten, soweit sie getrennt voneinander wahrgenommen und beurteilt werden.

Jedes Unternehmen hat zu prüfen, welche Möglichkeiten sich bieten, neben dem visuellen und auditiven Sinn auch andere Sinnesorgane im Rahmen des multisensorischen Marketings anzusprechen. Hier gilt es sowohl den Anlass, die Form als auch den Kontext zu berücksichtigen. In ausgewählten Bereichen kann es sicherlich ergänzende und unterstützende komplementäre Wirkungen geben. Im Einzelfall kann multisensorisches Marketing einen wichtigen Beitrag zur Emotionalität der Marke leisten.

Entwicklern, Designern und Marketingvertretern ist zu empfehlen, die Potenziale einer haptischen Markenbildung für das jeweilige Produkt und dessen Umgebung systematisch zu analysieren und entsprechende Gestaltungen zielgerichtet vorzunehmen oder zu erkennen, dass bereits eine haptische Markenbildung bei ihren Produkten stattgefunden hat. Bevor jedoch die Entwicklung und Etablierung haptischer Marken indiziert wird, sollte bei bestehenden Produktlinien geprüft werden, auf welche bereits implizit entwickelten, haptischen Markenaspekte aufgebaut werden kann. Bei neuen Produkten wird idealerweise bereits im Entwurf auf die Bildung haptischer Marken geachtet. Erfolgt dieser Analyse nicht, können wertvolle und gewichtige Marktanteile und Markenelemente verloren gehen.

7

Experteninterviews

Experteninterview 1

Prof. Dr. Dipl. Psych. Martin Grunwald
Universität Leipzig, Medizinische Fakultät
Haptik-Labor am
Paul-Flechsig-Institut für Hirnforschung
Leipzig

Steiner Was verstehen Sie unter Haptischem Marketing?

Grunwald Haptische Marken bezeichnen haptische Eigenschaftsdimensionen, die einem Produkt oder einer Produktumgebung ohne visuelle Zusatzinformationen unmittelbar zugeordnet und damit assoziiert werden. Produktumgebungen sind alle kontextualen, funktionalen und gestalterischen Eigenschaften, die indirekt das Produkt und dessen Nutzung beeinflussen (z. B. Verpackung, Kompatibilität zu

P. Steiner, *Quick Guide Haptisches Marketing*, Quick Guide,
https://doi.org/10.1007/978-3-658-41966-0_7

Produkten anderer Produktklassen, Haushaltsnutzung vs. Freizeitnutzung). Haptische Marken sind i. d. R. modalitätsgebundene Eigenschaften, die unabhängig von anderen sensorischen Produktinformationen wirken. Im Ergebnis gilt eine haptische Marke als etabliert, wenn der Produktnutzer auch bei Unterbindung visueller, akustischer und gustatorischer Informationen das Produkt oder die Produktumgebung eindeutig zuordnen kann.

Im Idealfall kann diese Markenpräsenz dadurch überprüft werden, dass eine haptische Exploration des Produktes unter Ausschluss anderer Modalitäten erfolgt. Führt diese Konfrontation mit den haptischen Produktmerkmalen zu einer eindeutigen Erkennung und begrifflichen Zuordnung, kann von einer stabilen Etablierung einer haptischen Marke gesprochen werden. Ziel- und Nutzergruppen übergreifend assoziieren und erkennen Probanden das jeweilige Produkt, wenn sie dieses nur haptisch explorieren können. Haptische Marken sind somit Alleinstellungsmerkmale des Produktes und der Produktumgebung, die einen unmittelbaren Marktvorteil im Vergleich zu anderen Produkten der gleichen Klasse darstellen. Innerhalb der Hierarchie der Sinne haben diejenigen Marken einen besonderen Vorteil, die körperliche, d. h. haptische Informationen transportieren können.

Entwicklern, Designern und Marketingvertretern ist daher unbedingt zu empfehlen, die Potenziale einer haptischen Markenbildung für das jeweilige Produkt und dessen Umgebung systematisch zu analysieren und entsprechende Gestaltungen zielgerichtet vorzunehmen oder zu erkennen, dass bereits eine haptische Markenbildung bei ihren Produkten stattgefunden hat. Bevor jedoch die Entwicklung und Etablierung haptischer Marken indiziert wird, sollte bei bestehenden Produktlinien geprüft werden, auf welche bereits implizit entwickelten, haptischen Markenaspekte aufgebaut werden kann. Erfolgt diese Analyse nicht, können sehr schnell wertvolle und gewichtige Marktanteile und Markenelemente verloren gehen.

Haptisches Marketing ist n. m. A. der Gesamtprozess, um ein Produkt oder eine Produktumgebung als haptische Marke zu etablieren.

Steiner Wann sind Sie das erste Mal mit Haptischem Marketing in Berührung gekommen?

Grunwald 2001 bat mich ein Industrieunternehmen im Bereich der Automobilwirtschaft nach Aspekten zu suchen, die sich als haptische Marke etablieren lassen.

Steiner Die Haptik gilt als interdisziplinäres Forschungsgebiet. Mit welchen Forschern aus anderen wissenschaftlichen Disziplinen arbeiten Sie zusammen?

Grunwald Ich selbst arbeite im Bereich der experimentellen Psychologie und die interdisziplinär kooperierenden Kollegen und Kolleginnen kommen in der Regel aus der Medizin, Biologie, Informatik, Ingenieurwesen, Physik.

Steiner Die Mehrheit der „Haptikforscher" sind in den vielfältigen Teilbereichen der Robotik und virtuellen Haptik tätig. Wie erklären Sie sich diesen hohen Prozentsatz und in welchen Ländern wird am meisten im Bereich der Haptik geforscht?

Grunwald Die genannten Anwendungs- und Forschungsgebiete haben starke Unterstützung aus dem Industriellen Bereich – nicht zuletzt aus der Militärindustrie. Grundlagenforschung wird hier mit klar erkennbaren wirtschaftlichen Motiven betrieben. Am Ende der Forschungs- und Verwertungskette sollen verkaufsfähige Produkte entstehen. Die größten personellen und technischen Ressourcen werden in diesem Anwendungsbereich sicherlich in den USA und in China bereitgestellt.

Steiner Wie funktioniert Haptisches Marketing?

Grunwald Das ist ein komplizierter und zum Teil auch langwieriger Prozess. Im ersten Schritt muss das Unternehmen erkennen, dass es notwendig ist, bestehende Produkte oder Produktklassen oder Produktumgebungen hinsichtlich möglicher haptischer Markenpotenziale zu analysieren. Im zweiten Schritt wird es dann schon konkreter. Hier werden dann einzelne Produkte auf bereits bestehende haptische Markenaspekte hin analysiert. Oder, wenn es sich um völlig neue Produkte handelt, wird bereits im Entwurf auf die Bildung haptischer Marken geachtet. An dieser Stelle sind dann auch häufig konkrete Untersuchungen nötig und dann kommen wir ins Spiel. Auf jeden Fall ist Haptisches Marketing harte Arbeit und kein Schuss aus der Hüfte. Letztes geht selten gut!

Steiner Welchen Stellenwert hat Haptik im Multisensorischen Marketing?

Grunwald Wer berührt gewinnt! Das ist ein alter Leitspruch des Marketings, der sich immer wieder bewahrheitet. Und weil unsere Spezies zu den „Kontaktwesen" zählen wirken sich positive und unverwechselbare körperliche Reize förderlich für relevante (Kauf-) Entscheidungen aus. D. h., haptische Reize der o. g. Kategorie dominieren in vielen Bereichen unsere Entscheidungen und sollten deshalb im Marketing auch stärker fokussiert werden.

Steiner Was sind Erfolgsfaktoren für Haptisches Marketing?

Grunwald Im ersten Schritt sollten die Mitarbeiterinnen und Mitarbeiter des Unternehmens selbst wahrnehmen, dass ihr Produkt besser geworden ist oder sich substanzieller von den Mitbewerbern abhebt, nachdem Haptisches Marketing eingesetzt wurde. Im zweiten Schritt sollte das Unternehmen anhand von Verkaufszahlen erfahren, dass die getroffenen Maßnahmen beim Endkunden positiv angekommen sind.

Steiner Welche gelungenen Beispiele aus dem Bereich des Haptischen Marketings fallen Ihnen ein?

Grunwald Ich kann hier aus offensichtlichen Gründen nur über Dinge sprechen, bei denen wir nicht involviert waren. Aber ein sehr altes Erfolgsmodell des Haptischen Marketings ist Odol. Diese Marke, die seit 1895 besteht und in Dresden gegründet wurde ist noch heute auf dem Weltmarkt aktiv und haptisch unverwechselbar.

Steiner Welche Fehler beobachten Sie in Unternehmen beim Einsatz von Haptischem Marketing?

Grunwald Sogenannte „Flurentscheidungen" – wie wir das nennen – sind aus meiner Sicht der größte Fehler. Ein paar Leute (auf dem Flur) finden dies oder jenes gut und dann wird ohne empirische Basis eine Entscheidung durchgedrückt, weil die Entscheidenden die entsprechende Position im Unternehmen haben. Solche Entscheidungswege haben wir schon häufig erlebt und wir werden dann gerufen, wenn die Sache schiefgelaufen ist. Kurzum: Meinungen sind im Bereich der Haptik eher tückisch. Jedes Unternehmen ist besser beraten, Entscheidungen auf der Grundlage empirischer Daten zu treffen.

Steiner Gibt es spezielle Branchen, in denen Haptisches Marketing bevorzugt eingesetzt bzw. vernachlässigt wird?

Grunwald Nach meiner Beobachtung haben eigentlich alle Unternehmensbereiche den positiven Wert eines Haptischen Marketings erkannt. Bei der strategischen Umsetzung gibt es allerdings erhebliche Unterschiede. Die einen machen „es auch", die anderen sind mit der Zeit richtige Profis geworden.

Steiner Wie sehen Sie die Zukunft des Haptischen Marketings?

Grunwald In gewisser Weise gehen die Grundlagenforschung und die unternehmerischen Anwendungen Hand in Hand. Seitdem wir mehr und mehr über die Bedeutung des menschlichen Tastsinnes verstehen und den Tastsinn auch nicht mehr als „niederen Sinn" abwerten, verändert sich auch der unternehmerische Blick auf das Kontaktwesen Mensch. Der Endkunde wird von den Unternehmen zunehmend nicht mehr durch die Platon'sche Brille betrachtet, sondern als körperliches, dreidimensionales Säugetierwesen. Dieser Perspektivwechsel ist in vollem Gange und deshalb sehe ich für das haptische Marketing einen natürlich ansteigenden Bedarf.

Steiner Ich bedanke mich für das Interview!

09.02.2023.

Experteninterview 2

Olaf Hartmann
Geschäftsführer des Multisense Instituts und der Touchmore GmbH,
Vorstand der Gesellschaft zur Erforschung des Markenwesens e. V. – der Forschungsplattform im Netzwerk des Markenverbands,
Co-Autor des Fachbuchs „Touch – der Haptik-Effekt im multisensorischen Marketing", Haufe 2016.

Steiner Was verstehen Sie unter Haptischem Marketing?

Hartmann Haptisches Marketing beschreibt den gezielten Einsatz haptischer Reize im multisensorischen Marketing in den Bereichen Produktdesign, CX, Verkauf sowie der Markencodierung. Warum sollte man sich damit überhaupt beschäftigen? Weil es nachweislich die Kommunikationseffizienz und -effektivität erhöht sowie Produkte erfolgreicher macht. Haptische Werbemedien bleiben deutlich länger im Gedächtnis und haptisch optimierte Produkte erzielen höhere Preise. Apple ist dafür ein vielbenutztes aber ein gutes illustratives Beispiel. Grundsätzlich gilt, dass die Optik die Attraktivität von Produkten am stärksten in der Kaufphase prägt. Doch schon hier nutzen Menschen die Haptik, um ihren ersten visuellen Eindruck zu überprüfen. Schon nach wenigen Wochen dreht sich dann auch dieses Verhältnis um. Dann entscheidet die Haptik am stärksten von allen Sinnen über die Zufriedenheit mit dem gekauften Produkt. Das kann jeder intuitiv am Produkterleben eines Autos nachvollziehen. Ob wir nach einigen Wochen zufrieden bleiben mit unserer Entscheidung, wird stark von haptischen Reizen geprägt: der präzise schließende Türgriff, die satt einrastenden Knöpfe oder die Präzision des Lenkgefühls. Wenn hier etwas klappert, klemmt oder knirscht, dann wir unser Qualitätsurteil stark negativ gefärbt.

Wir sprechen dabei vom Haptik-Effekt, dessen Wirkdimensionen Sebastian Haupt und ich 2014 erstmals mit dem ARIVA Modell beschrieben. ARIVA ist ein Akronym für Attention, Recall, Integrity, Value und Action und gibt uns ein Betrachtungsmodell, um in der Praxis systematisch abzuklopfen, was die Haptik für das Marketing leisten kann. Haptisch optimierte Produkte, Verpackungen und Kommunikationsmedien entfalten auf diesen fünf Dimensionen eine höhere Wirkung: Sie erzeugen mehr Aufmerksamkeit, bessere Erinnerung an Werbebotschaften, mehr Glaubwürdigkeit von Marken- und Produktversprechen sowie höhere Wertschätzung und Preisbereitschaft. Und last but not least, ist die Haptik der am stärksten aktivierende Sinn, was unter anderem die deutlich höheren Responsequoten haptischer Mailings gegenüber E-Mails erklärt.

Steiner Wann sind Sie das erste Mal mit Haptischem Marketing in Berührung gekommen?

Hartmann Auf die Kraft der Haptik wurde ich erstmals während meiner Zeit in der internationalen Werbung eines Chemiekonzerns Anfang der 90er Jahre aufmerksam. Dort lernte ich, wie Werbung Marken und Produkte begehrenswert machte. Mir fiel dabei aber eine unausgesprochene Hierarchie der Werbe-Sinne auf: Ganz oben stand die Fernsehwerbung, gefolgt von Print- und Radiowerbung, und ganz unten fristeten haptische Medien wie zum Beispiel Print-Mailings und Werbeartikel ein eher staubiges Dasein. Bis eine Messe oder Vertriebstagung bevorstand – dann landete eine Auswahl der Produkte und Einladungsideen auf dem Konferenztisch und die Augen meiner Kollegen leuchteten. Jeder hatte eine Meinung und auch eigene Ideen. In diesen Momenten spürte ich Emotionen und Energie, ausgelöst durch haptische Medien. Gleichzeitig fiel mir auf, dass wenn ich Menschen etwas erklärte und ihnen dabei etwas in die Hand gab, sie sich später besser daran erinnern konnten. Das hatte schon Pestalozzi wunderbar zusammengefasst als er sagte: Lernen funktioniert am besten mit Kopf, Herz und Hand. Diesen Effekt nutzte ich damals gern in Präsentationen und Seminaren, um abstrakte Zusammenhänge körperlich zu verankern. Aber Marketingkommunikation sind auch Lernprozesse bei denen erschwerend hinzukommt, dass sie uns ungefragt beigebracht werden.

Später erkannte ich mehr und mehr die große Relevanz der Haptik für Werbe- und Produkterfolge in vielen Bereichen: Denn bei jedem Produkt, in Werbefilmen, Radiospots, in jedem Verkaufsgespräch, bei jedem Mailing, jedem Messestand und sogar beim Betrachten von Bildern in Anzeigen sowie in Onlineshops ist der Tastsinn indirekt involviert. Wir simulieren die Berührung. Je leichter uns die Simulation fällt, desto leichter verarbeiten wir die damit verknüpfte Information. Dieser „cognitive fluency" genannte Effekt beeinflusst wiederum die Glaubwürdigkeit und Handlungsbereitschaft.

Steiner Wie funktioniert Haptisches Marketing?

Hartmann Haptisches Marketing allein funktioniert nicht. Denn wir sind multisensorische Wesen und nehmen die Welt immer mit allen Sinnen wahr. Aber wir können den Haptik-Effekt im Marketing gezielt nutzen. Sowohl taktisch als auch strategisch. Das funktioniert, indem ich systematisch überprüfe, wie die Haptik mir helfen kann, meine Ziele zu erreichen: im Produktdesign, der Marken- und Performance-Kommunikation oder in der Customer Experience. Die Ziele im Marketing sind ja immer die gleichen: Wir brauchen Aufmerksamkeit für unsere Botschaft, müssen unsere Marke und Nutzenversprechen in der Erinnerung der Menschen verankern, müssen dabei glaubwürdig sein und bei unserer Zielgruppe durch Qualitätserleben Wertschätzung und Handlungs- bzw. Kaufbereitschaft erzeugen. Zu all dem kann die Haptik beitragen. Wie, kann man nicht pauschal beantworten. Dafür ist Kommunikation und Wahrnehmung zu stark kontextabhängig. Deshalb haben wir in „Touch" eine Vorgehensweise beschrieben, die sich in unserer Beratungspraxis für die sensorische Optimierung bewährt hat. Diese besteht aus 5 Schritten: Zuerst wird eine Analyse gemacht an welchem Touchpoint die Menschen auf die Marke oder das Produkt oder den Service treffen, dann erfassen wir das existierende sensorische Profil, des Produkts, der Kommunikation, der CX, bestimmen welche Ziele die Optimierung haben kann, analysieren welche Resonanzfelder (bestehende Vorstellungsbilder) dafür genutzt werden können und optimieren danach die Touchpoints nach verhaltensökonomischen und wahrnehmungspsychologischen Prinzipien. Das Ganze passiert ohne Geheimwissen, wissenschaftlich nachvollziehbar und damit auch in der Organisation durchsetzbar.

Steiner Welchen Stellenwert hat Haptik im Multisensorischen Marketing?

Hartmann Die Bedeutung der Haptik im multisensorischen Marketing ist hoch, denn Berühren ist essenziell für uns Menschen: Wir drücken unsere Liebe durch Berühren aus. Paare, die sich viel streicheln und liebkosen, sind glücklicher als Menschen in berührungsarmen Beziehungen. Babys entwickeln sich schneller, sind gesünder entwickeln sich intellektuell schneller, wenn ihre Eltern sie viel berühren. Ein Leben lang begleitet uns die Haptik – der Tastsinn ist der erste Sinn, der sich im Mutterleib entwickelt, und der letzte, der uns im Alter verlässt. Kein anderer Sinn ist so eng mit unserer emotionalen und kognitiven Entwicklung verbunden. Mit den Händen entdecken wir unsere Umwelt und lernen sie kennen. Was wir berühren können, begreifen wir schneller und wir erinnern uns besser daran. Wir können uns umgangssprachlich verhören und versehen, aber wir kennen kein „verfühlen" – der Tastsinn ist unser Wahrheitssinn, er gibt uns Sicherheit. Matrosen klopften deshalb auf die Segelmasten und überprüften damit deren Stabilität für eine sichere Reise. Berührungen transportieren ebenso tiefe Bedeutungen. Bischöfe salbten ihre Könige und übertrugen ihnen durch das Berühren die Gottes Gnade. Ihre Macht demonstrierten die auf den Thron Erhobenen mit prunkvollen Insignien der Macht: die goldene Krone auf dem Kopf, das schwere Zepter in der Hand. Durch die Objekte wurde ihre Autorität wahrhaftig, greifbar und damit glaubwürdig.

Diese Beschreibung macht klar, wo die Haptik für Marken ein besonderes Potenzial hat: Dort wo es um Wahrheit und Wert geht.

Doch viele Marketers haben in den letzten Jahren scheinbar etwas vergessen: Kontakt ist nicht gleich Kontakt. Ansonsten wäre es egal, ob ich meine Zielgruppe am Waschbecken in einer Autobahnraststätte treffe oder in der Champagnerbar im Adlon. In diesem Vergleich sind haptische Kontakte die sensorische Champagnerbar. Reichhaltiger, intensiver und dadurch auch wirksamer und nicht 1/1 durch digitale Kontakte ersetzbar. In unserer hoch technisierten Welt ist das Bedürfnis nach Berührung ungebrochen. Wie John Naisbitt bereits 1982 mit seinem Megatrend „High Tech – High Touch" voraussagte: Je digitaler, virtueller und dadurch sensorisch ärmer die Welt wird, desto mehr sehnen sich Menschen nach realen Erfahrungen und echtem Erleben. Und der Touchscreen zeigt, dass mehr Touch im Interface auch die Freude an der Interaktion erhöht. Apple hat uns beigebracht, unsere Telefone zu streicheln und damit unsere Beziehung zu unseren Telefonen psychologisch fundamental verändert.

Steiner Was sind Erfolgsfaktoren für Haptisches Marketing?

Hartmann Um den Haptik-Effekt erfolgreich anzuwenden, braucht es Wissen und gute mentale Modelle. Die Qualität unserer Entscheidungen hängt von der Qualität der mentalen Modelle ab, auf deren Grundlage wir sie fällen. Deshalb wünsche ich auch diesem Buch zahlreiche Leser. Man muss sich mit den verschiedenen Dimensionen des Haptik-Effekts beschäftigen und sich strukturiert die richtigen Fragen stellen: Wie kann mir in meinem konkret vorliegenden Kontext der Haptik-Effekt entweder direkt – durch konkrete haptische Reize – oder indirekt durch mentale Simulation helfen? Kann ich meine Marke haptisch differenzieren? Mein Produkterleben verbessern? Meine Kommunikation erfolgreicher machen? Die Antwort hängt immer von den individuellen Zielen und den zu erwartenden Effekten im Verhältnis zu den Kosten ab. Denn eins ist klar: konkrete haptische Optimierung erhöht die Kontaktkosten. Aber richtig angewandt, kann damit zum Beispiel im Print-Dialogmarketing die Response im Vergleich zu digitalen Kontakten vervielfacht werden. Und wie schon erwähnt, ist die Kombination am effektivsten.

Steiner Welche gelungenen Beispiele aus dem Bereich des Haptischen Marketings fallen Ihnen ein?

Hartmann Im FMCG Bereich fallen mir viele Marken ein, die über ihre Form klare haptische Markencodes entwickelt haben: Ferrero Rocher, TicTac, Coca Cola, Ritter Sport, Toblerone, Odol, WC-Ente, Duplo, um nur einige zu nennen.

Im Pharmabereich beherrscht Roche mit Vitasprint mit dem Slogan „Energie auf Knopfdruck“ den VitaminB12 Markt. Der rote Knopf, der das Pulver in die Flüssigkeit freisetzt, ist ein einzigartiger haptischer Markencode, der das mentale Konzept Energie bzw. Wirkkraft transportiert. Denn was passiert in der Welt, wenn man auf einen roten Knopf drückt? Richtig. Eine Rakete startet, eine Bombe explodiert oder eine Maschine stoppt. Diese Assoziationen werden durch den Knopf aktiviert und machen das Versprechen von Vitasprint glaubwürdig und differenzieren das Produkt im Markt.

Apple brauche ich hier nicht mehr ausführlich zu erwähnen. Das Unternehmen hat konsequent alle haptischen Touchpoints ihrer Produkte, Verpackungen bis hin zum Layout und der Präsentation ihrer Produkte in ihren Stores optimiert.

Im Dialogmarketingbereich gibt es viele sehr viele gute Beispiele von haptischer Optimierung durch Printveredelung oder haptischen Mailingverstärkern, welche teilweise phänomenale Ergebnisse erzielen. Einige Beispiele aus unserer Beratungspraxis und der Agenturarbeit: Mit einem beduften Miniaturhandtuch konnten wir für den Kreuzfahrtanbieter AIDA die Kaufquote eines Mailings mit ansonst identischem Inhalt um über 30 % steigern. Für das Fintech Startup Yokoy hat ein Rubik's Cube Mailing an Leiter von Finanzabteilungen großer Unternehmen eine Responsequote von über 40 % erzielt. Das Magic-Flyer Mailing das einen Aufdrehschmetterling als Mailingverstärker nutzt und für junge Eltern ein Kinderkonto bewirbt, erzielt seit Jahren eine stabile Kaufresponse von über 10 %. All das zeigt, das enorme Wirkpotenzial, das haptische Optimierung hat – wenn man es richtig macht.

Steiner Welche Fehler beobachten Sie in Unternehmen beim Einsatz von Haptischem Marketing?

Hartmann Immer weniger Marketers verstehen haptische Medien. Heute lautet die Antwort reflexhaft: digital! Aber was war eigentlich die Frage? Hier fehlt Wissen und Erfahrung. Die meisten Marketers sind heute komplett digital sozialisiert worden und ihnen fehlt einfach die Fantasie und die Kreativität im Umgang mit haptischen Medien. Das eröffnet wiederum Chancen für diejenigen, die es anders machen wollen – siehe das Beispiel von Yokoy.

Steiner Gibt es spezielle Branchen, in denen Haptisches Marketing bevorzugt eingesetzt bzw. vernachlässigt wird?

Hartmann Der Haptik-Effekt ist besonders wertvoll, wenn ich mein Produkt selbst haptisch differenzieren bzw. das Produkterleben haptisch aufwerten kann. Der zweite große Anwendungsbereich liegt genau im umgekehrten Fall: In Branchen in denen das Produkt abstrakt ist – wie zum Beispiel Finanzdienstleistungen, Pharma oder Software. Hier kann haptische Kommunikation das Bedürfnis des Menschen nach konkreten Qualitätssignalen bedienen. Haptische Reize können durch unbewusste Priming Effekte können die Kompetenz eines Beraters oder die Flexibilität einer Versicherungslösung oder wie gerade beschrieben, die pharmakologische Wirkkraft eines Medikaments körperlich erlebbar machen.

Steiner Wie sehen Sie die Zukunft des Haptischen Marketings?

Hartmann In der zweiten Ausgabe von Touch 2016 haben wir prophezeit, dass in unserer optisch und akustisch überreizten Welt die gezielt genutzte Haptik und mit ihr das multisensorische Marketing „The Next Big Thing" wird. An dieser Überzeugung halte ich fest. Multisensorisch codierte Marken sind attraktiver, multisensorisch optimierte Verkaufsprozesse abschlussstärker und multisensorisch optimierte Produkte erfolgreicher. Es wird aber noch dauern, bis das Potenzial des multisensorischen Marketings auf breiter Basis erkannt und genutzt wird. Das ist umgekehrt auch eine gute Nachricht. Für alle, die den „Wirkverstärker „Haptik" schon jetzt gezielt nutzen, damit erfolgreicher werben, verkaufen, kommunizieren und motivieren wollen.

Steiner Ich bedanke mich für das Interview!
07.05.2023

Printed by Printforce, the Netherlands